늘 초조한

당신을 위한

마음 치유 심리학

松弛感: 成为内心有力量的人
ISBN: 9787115616050

This is an authorized translation from the SIMPLIFIED CHINESE language edition entitled
《松弛感: 成为内心有力量的人》published by Posts & Telecom Press Co., Ltd., through Beijing
United Glory Culture & Media Co., Ltd., arrangement with EntersKorea Co.,Ltd.

늘 초조한 당신을 위한 마음 치유 심리학

**삶의 불안 속 평온한 길을 찾는
단단한 내면의 힘**

환쥔쥬안 지음
유연지 옮김

이든서재

추천사

쥔쥐안은 굉장히 훌륭한 심리상담사입니다. 그녀의 뛰어난 글쓰기 능력과 상담 능력은 중국 여성 심리상담 플랫폼 '싱즈 짜이씨엔幸知在线'의 성장에도 크게 기여했습니다. 저는 그녀가 차근차근 창업을 성공적으로 이루어나가는 모습을 보면서 진심으로 기뻤습니다.

쥔쥐안은 사업과 가정을 모두 잘 이끄는 보기 드문 여성 창업가입니다. 모든 여성이 여유를 가지고 인생의 꿈을 향해 나아갈 수 있기를 바랍니다.

판싱즈潘幸知, 싱즈 짜이씨엔 여성 심리상담 플랫폼 창립자

바쁜 일상에서 쌓인 스트레스는 우리의 몸과 마음에 정신적 피로를 초래하고, 일의 효율성까지 떨어뜨립니다. 이럴 때 마음의 여유를 찾으려면 내면에 강인함, 따뜻함, 결단력이 있어야 합니다. 그리고 이는 현대인이 단련해야 할 과제이기도 합니다.

과거에는 부드러움과 여유로움이 약한 모습 또는 게으른 모습으로 인식되었지만, 지금은 건강한 삶을 위해 갖추어야 할 중요한 심리

적 특성으로 인정받고 있습니다. 심리상담사 쿤쥐안 선생님의 책은 더 나은 자신의 모습으로 더 아름다운 삶을 살아가는 데 도움이 될 지침서가 될 것입니다.

딩젠뤼에에丁建略, 지린대학교 심리학과 부교수

저의 절친 쿤쥐안의 책을 보자마자 저도 모르게 숨을 깊게 들이마시고 내쉬었습니다. 그 순간 저는 마음이 한결 가벼워진 것을 느꼈습니다.

우리는 다양한 이유로 몸과 마음이 긴장된 상태로 살아가고 있습니다. 하지만 쳇바퀴처럼 도는 바쁜 일상에서 마음의 여유를 찾기란 쉽지 않습니다. 저는 이 책을 모든 사람에게 강력히 추천합니다. 저는 우리 모두에게 마음의 여유가 필요하다고 생각합니다. 쿤쥐안이 오랜 시간 동안 얻은 경험과 깨달음을 모아서 책으로 엮어 공유한 것에 대해 감사의 뜻을 전합니다.

왕쓰위王思漁, 왕쓰위 감정 코칭 학원장

판쥔쥐안 선생님은 바이지아하오百家号(중국 검색엔진 바이두에서 운영하는 콘텐츠 플랫폼)에서 만난 작가님 중에서 가장 통찰력 있는 분입니다. 심리상담이나 심리학 강의를 통해 수익을 창출할 줄 아는 심리 전문가들은 많습니다. 하지만 판 선생님은 심리학으로 타인과 자신을 이끈다는 점에서 다른 심리 전문가들과 차별점이 있습니다. 저는 판 선생님과 나누는 모든 대화가 유익하게 느껴졌습니다. 선생님과의 대화는 단순한 지적 교류를 넘어 감정적인 이해와 깊은 공감으로 이어졌으니까요.

판 선생님께서 그 과정들을 글로 자세히 기록해 주서서 정말 기쁘게 생각합니다. 이 책을 통해 더 많은 사람이 저처럼 과거를 회상하고 자아 성찰의 기회를 얻으며 더 나은 자신으로 성장할 수 있기를 바랍니다.

'여유로움', '느긋함'이라는 말은 우리에게 익숙하면서도 낯설게 느껴집니다. 이는 우리가 평생을 추구하는 안정감의 한 형태로, 엄마 품에 안겨 아무 걱정도, 불안도 느끼지 않는 상태를 의미하기도 합니다. 그러나 또 한편으로 우리는 여유로움, 느긋함이 주는 안락함의 유혹에 빠져들지 않도록 경계해야 한다고 배웁니다.

그렇다면 우리는 어떤 마음가짐으로 삶을 살아야 할까요?

이 책을 다 읽고 나면 자기 자신을 있는 그대로 받아들이고, 본래의 내 모습으로 돌아가는 과정을 이해하게 될 것입니다. 이 책이 독자 여러분의 내면에 힘을 불어넣고, 흔들림 없는 평온한 마음 상태로 이끄는 역할을 할 것입니다.

한옌韓彦, 前 바이두 바이지아하오 운영 관리자

AI 시대가 도래하면서 로봇이 우리의 육체적, 지적 노동을 해방해 주었지만, 우리는 여전히 신체적, 정신적 피로를 느낍니다. 내면의 힘은 모든 사람이 단련해야 할 과제입니다. 판 선생님의 책은 상처 받은 마음을 치유하고, 불안과 부정적인 감정에서 벗어나 내면의 힘을 키우는 방법을 가르쳐줍니다. 자기 치유가 필요한 사람을 비롯해 내면의 힘을 키우고 싶은 모든 사람에게 이 책을 추천합니다.

장쉬안밍张轩铭, 바이두 서비스 운영 관리자

불안도 삶의 단단한 토대가 된다

우리는 살면서 많은 문제와 마주칩니다. 저는 문제에 직면할 때마다 먼저 감사의 마음을 상기시킵니다. 그 문제들은 더 나은 사람이 되기를 원하는 나에게 세상이 선사하는 선물이기 때문입니다.

세상이 우리에게 주는 선물은 '문제'라는 형태로 포장되어 우리 앞에 놓입니다. 이를 통해 우리가 이 문제들을 해결할 힘을 갖추고 있는지 시험합니다. 많은 이가 같은 실수를 반복하는 이유는 자신도 아직 모르는 '새로운 나'를 받아들이고 마주할 용기가 부족해서입니다.

우리는 두려움에 사로잡혀 도망치려고 합니다. 그러나 계속해서 회피하면 당황한 아이처럼 점점 더 많은 거짓말을 하게 되고,

결국 문제가 어디서 비롯되었는지조차 알 수 없게 됩니다. 회피와 거짓말로 자신을 방어한 우리에게 결국 남는 것은 '무기력한 변명' 과 '가짜 가면'뿐입니다.

하지만 자신을 용감하게 마주하는 사람들은 다릅니다. 그들은 문제에 부딪혔을 때 그 문제를 '자신이 밟고 서 있는 흙'으로 생각하고 그 흙을 천천히 발로 밟아 단단하게 다져갑니다. 그렇게 조금씩 다져진 발밑의 흙은 점점 높아지고, 언젠가는 '문제'라는 우물에서 빠져나와 바깥의 신선한 공기를 마시며 이렇게 말합니다.

"와, 세상이 원래 이렇게 크고 넓었나? 전에는 몰랐던 자유로움이 느껴져."

이처럼 문제를 바라보는 관점은 제가 심리상담을 배우면서 얻은 최고의 선물이었습니다. 이제 이 책을 읽는 여러분에게도 그 선물을 바칩니다.

저는 여러분이 문제에 부딪혔을 때 문제 자체에 빠져 허덕이지 말고, 그 문제를 통해 한 번도 본 적 없는 새로운 자신을 발견하기를 바랍니다. 새로운 자신을 탐색하고 발견할 수 있다는 호기심과 기대감을 품어보세요.

물론 이렇게 생각하는 것은 정말 어렵습니다. 사람은 대개 끊임없이 좌절하고, 거절당하고, 타격을 입으면, 자신에 대한 믿음과 확신을 잃고 자포자기하니까요. 이런 상황에서도 자신의 가치를 찾으려고 노력하고, 자신을 소중히 여기기는 쉽지 않습니다. 인간의 본성을 거스르는 일이니까요. 그러나 바로 이 과정에서 우리는 자기 내면을 단련할 수 있습니다. 불확실한 미래에 대한 불안감과 두려움, 부정적인 감정에 휘말릴 것 같은 순간에도 마음을 차분히 가라앉히고 평온한 상태로 유지하는 것이 바로 '내면 수련'입니다.

이러한 생각이 마음속에 자리 잡게 되면, 우리는 세상의 모든 것이 내면을 단련하는 과정의 일부임을 깨닫게 됩니다. 부모와 자식 관계도, 부부 관계도, 재물과의 관계도, 직장에서의 승진도 마찬가지입니다.

우리가 만나는 다양한 사람들과 겪는 독특한 사건들은 모두 자기 자신을 초월할 수 있는 무대를 제공합니다. 이것은 마치 거울을 보는 것처럼 우리가 자신을 더 깊이 이해할 수 있도록 돕습니다. 우리와 함께 연기하는 사람들과 관객들은 모두 우연이 아닌 '인연'에 의해 만나게 된 것입니다.

그러므로 우리가 만나는 모든 사람과 우리가 겪는 모든 일에 감사해야 합니다. 순조로운 경험들은 우리의 삶을 유지해 주고, 힘들고 어려운 경험은 우리가 성장하도록 도와줍니다.

이 원칙을 이해하면 세상에 대해 불평할 이유가 없음을 깨닫게 됩니다. 당신의 시간과 에너지는 소중한 것이니까요.

당신의 모든 시간은 자신을 위해 사용되어야 합니다. 자신을 더 잘 가꾸고 자신을 더 강하게 만드는 데 사용하세요. 그 외의 모든 것은 당신과 관련이 없습니다. 자신의 삶을 이렇게 관리하고 내면을 단련할 수 있는 사람일수록, 자신의 인생을 주도하는 삶을 살 수 있습니다.

저 역시 심리상담사이자 창업자로서의 길을 걷는 동안 이 점을 늘 상기시켰습니다. 이러한 생각은 주변의 모든 사람과 상황이 자기 수련에 도움이 될 수 있다는 믿음을 갖게 해 주었고, 스스로 문제를 극복하고 해결할 힘을 주었습니다. 그렇게 저는 소심하고, 예민하고, 자신감이 부족했던 소녀에서 점차 용감하고, 마음에 여유가 있고, 열정적이며 자신감이 넘치는 여성으로 거듭났습니다.

심리상담사의 길을 걸으면서 저는 많은 어려움과 시련을 겪었지만, 또 한편으로는 많은 분의 도움을 받아 제 인생의 '처음'인 일들을 다양하게 경험했습니다. 처음으로 오랜 기간 다녔던 안정된 직장을 그만두었고, 처음으로 '심리상담사'라는 이름의 프리랜서가 주는 막연함과 공허함을 경험했습니다. 또 처음으로 내게 상담

온 사람의 기대를 저버릴까 봐 걱정했고, 처음으로 내가 이끄는 팀을 만들며 설렘과 무거운 압박감을 경험했습니다. 처음 직원을 교육할 때 그들의 눈에서 빛이 나는 것을 보았고, 처음으로 심리상담사 교육 강의를 하면서 한 사람의 영향력이 무엇인지 느끼게 되었습니다.

이러한 '처음'들은 제가 한 걸음 한 걸음씩 나아가며 자신을 더 잘 이해할 수 있도록 이끌었고, "와, 나도 이렇게 할 수 있구나."라며 끊임없이 감탄하게 만들었습니다. 그 황홀한 느낌은 잊을 수 없습니다. 마치 아이가 자전거 타기를 배울 때, 마음속에 가득했던 두려움이 점차 흥분으로 바뀌고, 갑자기 세상이 커지면서 자신의 한계를 뛰어넘는 기쁨을 느끼는 것과 같았습니다. 이것이 바로 제가 자신을 극복하고 성장하는 과정에서 얻은 최고의 보상입니다.

이 일을 하면서 만난 모든 사람에게 감사함을 느낍니다. 제 마음속에 새겨져 있는 분들이 저를 깨달음과 성장의 길로 이끌어주었고, 세상의 다양한 모습을 경험하게 도와주셨습니다. 그 덕분에 저는 점점 솔직하고 자연스러운 제 모습으로 살아갈 수 있게 되었습니다.

오늘 우리는 여기서 인연을 맺게 되었습니다.

자, 저와 함께 차분하고 여유롭게 살아갈 준비가 되었나요? 저는 판쥔쥐안範俊娟입니다.

저는 이 책을 통해 여러분과 같이 더 나은 내가 될 준비가 되었습니다. 함께 출발해 봅시다!

저자 판쥔쥐안

차례

1장   나를 짓누르는 중압감이여, 안녕!

2장   내면이 강한 사람의 여유

1장.
나를 짓누르는
중압감이여, 안녕!

당신은 중압감을 많이 느끼는 사람인가? 자신의 역량이 상사의 높은 기준에 부응할 수 없다는 걸 알지만, 그 상황을 솔직하게 말하기가 힘든가? 동료가 무리한 부탁을 할 때 상대방과의 관계가 껄끄러워질까 봐 거절하기가 힘든가? 친구들과 함께 있을 때 대화가 끊길까 봐 걱정되는가? 그래서 매번 자신이 대화의 흐름을 이끌려고 하는가?

마음이 유독 힘든 날에도 일터에서는 애써 미소를 짓고 마음을 다독이며, 억지로 일에 몰입하려고 노력하는가?

매일 몸과 마음이 지쳤다는 생각이 드는가? 배우자와 다퉜을 때도 감정적으로 힘들어지는 게 싫어서 곧바로 잘못을 인정해 버리는가?

중압감은 어느새 현대인들에게 익숙한 단어가 되었다. 사람은 누구나 마음속 중압감이 커지면 불안, 혼란, 짜증, 무력감에 짓눌리게 된다. 이번 장에서는 원치 않게 무의식적으로 빠져드는 이 상태에 대해 알아보자.

중압감,
현대인의 마음 병

중압감을 만드는 것은 '나 자신'이다

'중압감'은 이제 현대인들에게 너무나 익숙한 단어다. 당신의 의지와는 상관없이 이미 여러 가지 현상이 당신이 중압감을 느끼고 있음을 말해 주고 있다.

한 40대 여성이 있다. 20년 넘게 전업주부로 지내 온 그녀는 이혼을 결심했다. 결혼 생활 내내 남편의 기대에 부응하기 위해 잠시도 쉬지 않고 남편의 시중을 들어야 했기 때문이다. 그녀의 남편은 '물을 가져와라, 슬리퍼를 대령해라, 방을 치워라, 밥을 차려달라'는 등 잠시도 그녀를 쉬게 놔두지 않았다. 게다가

뭐 하나 자신의 마음에 들지 않으면 아내에게 비난과 질책을 퍼부었다. "내가 밖에서 얼마나 힘들게 일하는 줄 알아? 당신은 대체 집에서 하는 게 뭐야? 이기적인 사람 같으니라고!"

어디선가 들어봄 직한 익숙한 대사이지 않은가. 그녀는 과거에도 부모님에게 이와 비슷한 지적과 꾸중을 들었다. 잠시라도 한가하게 있는 모습이 부모님 눈에 띄기라도 하면 호된 불호령이 떨어졌다. "그렇게 게을러서 나중에 누가 너랑 결혼하겠니? 너는 부모가 고생하는 건 안 보이니? 어쩌면 그저 놀 생각만 하니?"

그녀는 부모에게 이런 말을 들을 때마다 마음에 상처를 받았다. 부모님은 그동안 자신이 얼마나 노력해 왔는지 알아주지 않고, 오로지 잠시 쉬는 모습만 보고 책망했기 때문이다.

그녀는 자신을 향한 비난, 책망, 꾸짖는 말들에 점점 무뎌져 갔다. 그리고 부모가 자신을 대했던 방식으로 자기 자신을 대하기 시작했다. 이제는 부모님도 계시지 않고, 남편과도 이혼했지만, 혼자가 된 지금에서야 그녀는 깨달았다. 자신은 이미 자기를 끊임없이 몰아세우는 사람이 되어 있었다.

마음속 중압감은 마치 뼈에 새겨진 각인처럼, 그녀가 조금이라도 느슨해지면 자신을 공격했다.

'나는 참 형편없어. 나는 왜 이렇게 편하게 지낼 생각만 할까. 나는 어쩌면 이렇게 게으를까….'

그녀는 이런 생각이 들 때마다 자신을 채찍질하며 더 바쁘게 움직였다. 그녀는 아무리 자신의 일이 불편하고 싫어도, 절대 자신을 편하게 놔두지 않았다. 몸이 편안해지는 순간, 머릿속에서 자신을 비난하는 말들이 몰려오며 그녀를 불안하고 초조하게 만들었기 때문이다.

중압감이 주는 가장 큰 고통은 타인의 독촉, 간섭, 강요에서 비롯되는 것이 아니다.

시간이 흘러 환경이 달라지고 나 또한 더 이상 과거의 내가 아닌데도, 여전히 무의식적으로 과거의 모습에 사로잡혀 현재를 제대로 살지 못하며 자신을 계속 몰아붙이게 되는 것이 바로 중압감이 주는 가장 큰 고통이다.

앞서 일화 속의 그녀뿐만 아니라, 수많은 현대인이 마음속의 중압감으로 인해 고통을 겪고 있다. 중압감을 느끼는 당신의 마음 상태는 마치 활시위에 걸린 화살처럼 늘 긴장 상태에 있다. 늘 큰일이 벌어질 것 같고, 복잡한 문제가 생길 것만 같은 예감에 시달린다. 또 반드시 무언가를 해야 할 것만 같고, 그렇지 않으면 하늘이

늘 초조한 당신을 위한 마음 치유 심리학

무너질 것 같은 두려움에 휩싸인다.

그래서 당신은 매 순간 준비된 상태로 지내게 된다. 모든 신경이 곤두서 있으니 근육이 경직돼 있고, 마음은 무겁다. 그리고 주먹을 움켜쥔 채 언제든지 덤벼들 수 있는 자세를 취한다. 실제 아무 일도 일어나지 않고 이미 평온한 상태라도, 당신은 마음을 홀가분하게 내려놓을 수가 없다. 그러니 잠을 편하게 잘 수도 없고, 일상의 즐거움을 느끼는 것은 생각할 수도 없다.

그렇다면 어떤 상태가 중압감을 느끼는 상태일까? 다음 다섯 가지 상태 중 두 가지 이상에 해당한다면, 당신은 이미 상당한 시간 동안 중압감에 눌려 있었을 가능성이 있다.

1. 일의 효율이 떨어진다

일할 때 효율성이 매우 낮다. 현재 하는 일에 가치를 전혀 느끼지 못하면서 그 일을 꾸역꾸역 이어 나가고 있다. 잠시 쉬어 가면서 지난 과정을 회고하고 재정비하는 것을 시간 낭비라고 생각한다.

2. 마음이 초조하다

마음이 불안함과 초조함으로 가득 차 있어 늘 두려움과 걱정에 시달린다. 심각한 일이 생긴 것도 아닌데 늘 세상의 종말이 닥친 것 같은 느낌이 든다. 스스로 많은 것을 해내야만 마음의 불안감이 조금이나마 사그라들 것 같다. 그러나 실상 되돌아보면 그렇게 많은 것을 한 것도 아니다.

3. 신경이 예민해지고 쉽게 화가 난다

쉽게 짜증이 나고 화가 난다. 다른 사람의 평가에 매우 민감해진다. 아주 사소한 평가도 상대가 나를 비난하는 것이라고 받아들이게 된다. 그 결과 마음의 상처를 입고 슬픔에 빠지거나, 그 상대와 갈등을 빚게 된다.

4. 몸과 마음이 피폐해진다

몸이 이유 없이 금방 처지고, 조금만 움직여도 피곤한 것처럼 느껴진다. 실제로 별다른 일을 하지 않았는데도 그런 느낌이 든다. 그러나 자신이 이렇게 피곤하고 처지는 이유를 말로 설명하기는 어렵다. 그저 피곤하다고만 느낀다. 많은 것에 흥미를 느끼지 못하고 그저 누워 있고만 싶다. 하지만 누우려고 할 때마다 스스로 자책하며 억지로 기운을 짜내려고 한다.

5. 즐거움을 느끼지 못한다

즐거움을 거의 느끼지 못한다. 주변을 관찰할 여유도, 방을 청

소할 여유도 없다. 나뭇잎이 살랑이는 소리, 풀밭의 향기, 햇볕의 따스함을 느낄 여유가 거의 없다. 살아 있지만 실제로 살아 있다는 느낌을 받은 적이 없다.

나는 왜 마음의 여유가 없을까?

중압감을 느끼는 이유는 다양하다. 대표적으로 어린 시절의 상처, 자기 안전감 부족, 감정의 기억, 자신과의 우울한 대화, 가까운 사람과의 불편한 관계가 주된 원인으로 작용한다. 왜 이 다섯 가지가 당신의 마음을 점점 무겁고 힘들게 만드는 것일까? 지금부터 그 이유를 하나씩 살펴보자.

중압감의 첫 번째 이유 : 어린 시절의 상처

어린 시절에 경험하는 것들은 우리가 세상을 대하고 받아들이는 방식을 형성하는 데 중요한 역할을 한다. 특히 나이가 아주 어릴 때 겪은 상처일수록 그 흔적은 더 크게 남는다. 마음의 상처는 우리 대뇌의 신경계에 변화를 일으킬 뿐 아니라, 자율신경계 기능의 균형까지도 깨뜨릴 수 있다.

일반적으로 사람의 뇌는 크게 이성 뇌, 감정 뇌, 본능 뇌 이렇게 세 영역으로 구분된다.

뇌의 이 세 영역이 모두 정상적으로 작동할 때는 이성적인 사고
가 가능하므로 일할 때는 일하고, 쉴 때는 쉬어야 한다는 생각이
든다. 그러나 상처를 경험한 사람은 이성의 뇌가 작동을 멈추고,
감정의 뇌 역시 과도하게 활성화되어 정상적인 감정 제어가 불가
능하다. 오직 본능의 뇌만이 작동할 뿐이다. 그래서 생존이나 안전
에 위협을 느꼈을 때, 이들의 본능적인 뇌 영역에서는 두 가지 반
응이 발동된다.

"자, 싸우거나 도망쳐!"

이 두 가지 반응은 모두 우리 몸에 스트레스 에너지를 만들어 낸
다. 그런데 이 스트레스 에너지가 신경계에 과도하게 남게 되면,
경계심이 극도로 심해지고 근육이 경직되기 쉽다. 또한 스트레스
에너지가 우리 몸 안에서 제대로 해소되지 않으면 부교감 신경계
는 본래 가지고 있어야 할 이완과 긴장 해소 능력을 상실하고, 그
결과 우리는 신경이 바짝 곤두서있는 상태에서 활동하게 된다.

중압감의 두 번째 이유 : 자기 안전감 부족

자기 안전감이 부족한 사람일수록 일상에서 중압감을 느끼기
쉽다. 자기 안전감은 대체로 개인이 가지고 있는 공격성에 영향을

받는다. 그 공격은 자신을 향한 공격(자기 비하 등)일 수도 있고, 타인을 향한 공격(화를 내거나 공격적인 행동을 하는 등)일 수도 있는데, 이 모두 다 자기 안전감을 저하시킨다.

평소 자기 자신을 자주 부정하는 사람은 '나는 안 돼', '나는 멍청해', '나는 아무것도 못 해'라고 생각한다. 이처럼 마음속 깊숙한 곳에 존재하는 자기 부정은 사람을 초조하고, 불안하고, 두렵게 만든다.

자기를 부정하는 사람은 새로운 것을 시도할 때마다 실패를 예언한다. 자기 부정은 '이 세상은 무서운 곳이야. 나는 이 세상을 헤쳐나갈 능력이 없어.'라는 생각을 더욱 확고하게 만들고, 이런 자기 부정이 반복되면 그 사람이 가진 잠재력을 서서히 잠식해 버린다.

그러나 그가 극복해야 할 세상의 난관은 사라지지 않고 그대로 남아 있다. 이제 그는 어떻게 해야 할까? 그가 할 수 있는 일이라고는 자신의 모든 신경을 바짝 곤두세우는 것뿐이다. 그렇게 해서라도 자신한테 남아 있는 에너지를 지키며 위기를 넘기려고 할 것이다.

중압감은 위기의 상황에서 우리의 신체적, 정신적 에너지가 부족할 때 나타나는 반응이다. 이때 우리는 자신에게 필요한 에너지를 주변 환경(음식, 운동, 타인과의 대화 등)에서 얻으려고 한다. 그러나 외적으로만 강해지는 것은 문제를 해결하는 데 전혀 도움이 되지 않는다.

중압감의 세 번째 이유 : 감정의 기억

사람은 누구나 감정을 기억한다. 이미 시간이 한참 지난 오래전의 일이라도 당시에 우리가 느꼈던 감정에 대한 기억은 여전히 우리 뇌리에 남아 있다.

행복한 감정을 느꼈던 기억은 우리에게 긍정적인 에너지를 남긴다. 반면 두려운 감정을 느꼈던 기억은 모든 것을 삼켜버리는 블랙홀처럼 우리를 끊임없이 불안한 상태로 몰아넣는다. 어쩌면 우리는 크게 의식하지 못하고 있을 수도 있다. 하지만 과거의 기억은 우리 몸에 체화되어 현재의 감정 상태와 행동에까지 영향을 미친다.

어찌 보면 기억은 컴퓨터의 저장 공간과 비슷하다. 컴퓨터의 저장 공간이 쓰레기 파일로 가득 차게 되면 컴퓨터의 작업 속도가 느려진다. 만약 쓰레기 파일들을 정리하지 않고 그대로 놔둔다면, 컴퓨터의 작업 속도는 한없이 느려질 것이다. 작업 속도를 올리고 싶다면 저장 공간을 정리하는 법을 배워야 한다.

마찬가지로 우리의 감정 기억도 정기적으로 정리가 필요하다. 오랜 시간 정리하지 않고 쌓아두면, 우리의 내면은 포화 상태에 이

르러 사소한 일에도 감정이 폭발할 수 있다. 사실 그렇게 화낼 일이 아닌데도 자신의 감정을 제어하지 못하게 된다. 이것이 바로 감정 기억을 제때 정리하지 못했을 때 벌어지는 결과다.

중압감의 네 번째 이유 : 자신과의 우울한 대화

누구나 내면에 '마음의 소리를 들려주는 라디오'가 존재한다. 그 라디오는 매일 다양한 이야기를 들려준다. 어떤 날은 무서운 이야기를, 어떤 날은 탐정 이야기를, 또 어떤 날은 자기계발 이야기를 들려준다. 이 라디오가 들려주는 이야기들이 바로 자기 자신과의 대화 내용이다.

어떤 사람은 자기 자신에게뿐 아니라 주변 사람에게도 무서운 이야기를 들려준다. 이런 어른 밑에서 자란 아이들 역시 마음속에 불안과 두려움이 가득하다.

그러므로 스스로 관찰해 보길 바란다. 당신은 매일 자기 자신과 어떤 대화를 나누고 있는가?

당신은 자신과의 대화를 나누고 나면 불안과 두려움이 커져 점점 긴장되고 위축되는가? 아니면 마음이 한결 가벼워지고 모든 것이 즐겁게 느껴지는가? 이 물음에 대한 대답에 따라 우리는 자신과의 대화 방식을 조정해야 한다.

중압감의 다섯 번째 이유 : 가까운 사람과의 불편한 관계

가까운 사람과의 관계는 우리가 느끼는 불안과 긴장감에 상당한 영향을 미치는 외부 자극원이다. 집에 들어올 때마다 배우자가 당신에게 잔소리를 하고 질책한다고 상상해 보라. "이렇게 사소한 일도 제대로 못 해? 당신은 도대체 할 줄 아는 게 뭐야? 내가 백 번도 넘게 말했잖아. 왜 매번 잊어버리는 거야? 누구랑 결혼했어도 당신보다는 나았겠다!"

자, 어떤가? 점점 분한 마음이 들고 가슴이 답답해지지 않는가? 한번 대차게 싸우고 싶은 충동이 들지 않는가? 어딘가 아직 끝마치지 못한 일이 있을 것 같아서 차마 쉬지 못할 것 같지 않은가? 아마도 그럴 것이다. 당신이 상대를 조금이라도 의식하는 순간 당신은 이런 생각에서 벗어날 수 없게 된다.

사실 중압감을 느끼게 만드는 모든 이유는 단 하나, 바로 '두려움'과 관련이 있다.

두려움은 우리에게 위험이 도사리고 있을 것만 같은 가짜 인상을 심어주어 현실을 왜곡하게 만든다. 이를테면 '나는 버림받을 거야', '나는 짐이 될 게 분명해', '남들한테 무시당할 게 뻔해', '아무도 나를 신경 쓰지 않을 거야', '나는 사랑받을 자격이 없어', '나는 아직 멀었어', '나는 지적당할 게 뻔해' 등과 같은 생각을 하게 만든다.

이처럼 인간은 본능적으로 마음속 깊은 곳에 두려움을 가지고 있다. 그중에는 어렸을 때부터 이어져 온 것도 있지만, 일부는 우리가 매일 무의식적으로 만들어 내는 것이다.

내 마음을 짓누르는 중압감을 벗어던지고 싶다면 방법은 하나다. 마음속의 두려움을 줄일 방법을 찾거나, 적당한 두려움을 유지하는 방법을 배워라. '적당한 두려움'이란 마음의 안정감을 잃지 않으면서도 두려움에 매몰되지 않는 상태를 말한다. 이 균형을 잘 유지하는 것이 매우 중요하다. 이 책의 이어지는 내용에서는 당신이 이 균형을 잘 유지할 수 있도록 단계별로 안내할 것이다.

홀가분한 마음으로 이끄는 주문

퇴근하면서 나 자신에게 이렇게 말해 보자!

오늘 나는 정말 훌륭했어.

매일 열심히 사는 나는 이미 충분히 멋진 사람이야.

느려도 괜찮아. 잠시 걸음을 멈추고 이 세상이 내게 선사하는 아름다움을 만끽하자.

내면의 힘이 부족하면
생기는 일

한 여성이 내게 이런 고민을 털어놨다. 그녀는 승진할 때마다 며칠 정도만 기분이 좋고, 그 뒤로는 다시 불안감이 몰려온다고 말했다.

그녀는 매번 자신에게 일어난 문제들을 잘 해결해 왔음에도 여전히 걱정이 많았다. '혹여 일을 망쳐서 다른 사람들이 나를 비웃으면 어떡하지?', '만일 상사의 기대와 믿음을 저버리게 되면 어떡하지?', '만약 고객이 싫어하면 어떡하지?' 그녀는 이런 걱정들 때문에 일을 손에서 놓지 못했으며, 매일 심신이 지칠 때까지 일에 매달렸다.

그녀의 심리 상태는 흡사 빙판 위에서 고난도의 곡예를 부리는 것처럼 불안해 보였다. 그녀의 내면에는 '긴장'이라는 끈이 그녀를 항상 팽팽하게 당기고 있었다. 앞으로 계속 나아가야만 불안한 마음이 잠시나마 진정될 수 있었다. 하지만 그 불안을 조종하는 것은 그녀의 내면 깊숙한 곳에 자리하고 있는 두려움이었다.

그녀가 이토록 불안한 이유는 세상 어디에도 조건 없이 자신을 이해하고 지지해 주는 사람이 없다고 생각했기 때문이다. 그녀는 단 한 번도 마음이 편한 순간이 없었다. 그런 그녀가 할 수 있는 일이라고는 오직 필사적으로 능력을 키워 자신을 지키는 것뿐이었다.

남편은 그런 아내를 억세고 독단적인 사람으로 느껴 항상 차갑게 대했고, 아이들은 엄마가 자신들의 성적에만 관심이 있다고 생각해 엇나갔다.

누구 하나 그녀의 마음속 상처를 알아주지 않았다. 그녀를 안쓰러워하거나 보듬어 주는 사람도 없었다. 서운한 마음에 기운이 처질 때면 그녀는 이런 생각을 하곤 했다. '자식도 남편도 어디 하나 의지할 곳이 없네. 돈이나 열심히 벌자.' 그녀는 오직 통장에 찍히는 돈만이 자신을 배신하지 않는다고 믿었다. 하지만 통장 잔고가 계속 쌓여도 진정한 행복을 느낄 수 없었다.

위 사례의 여성처럼 항상 긴장의 끈을 놓지 못하고, 마음의 여유를 갖지 못하는 심리가 바로 내면의 힘이 부족한 사람의 전형적인 상태이다. 부부간의 갈등, 부모와 자녀 간의 충돌, 그리고 일에 대한 불안감 모두 내면의 힘이 부족해서 생기는 결과들이다.

내면의 힘이 충만한 사람은 마음에 여유가 있다

내면의 힘은 한 사람의 생명력과 같다. '내면의 힘'은 주로 자기 신념, 자기 자신과 긍정적으로 대화하는 능력, 약점을 극복하는 힘, 타인과 긍정적인 관계를 맺는 능력에서 드러난다.

1. 자기 신념

'자기 신념'이란 자신이 '가치 있는 존재', '충분히 괜찮은 사람', '사랑받을 자격이 있는 사람', '능력이 있는 사람'인지에 대한 근본적인 생각을 의미한다.

자기 신념은 주로 부모, 친구, 선생님 등 우리의 성장에 영향을 미치는 중요한 타인과의 무수한 상호작용을 통해 형성되는데, 특히 우리를 대하는 그들의 태도와 눈빛은 우리가 자신을 바라보는 시각에 큰 영향을 미친다.

자기 신념은 내면의 힘이 가진 초깃값이다. 아무리 뛰어나고 훌륭한 사람도 때때로 자신이 부족하다고 느낄 수 있는데, 이는 자기 신념의 초깃값이 그 사람의 감정 상태나 자존감에 영향을 미치기 때문이다.

앞서 일화 속 여성은 아무도 자신을 진심으로 이해하고 사랑해 주지 않으며, 세상에 자신이 마음 놓고 의지할 수 있는 사람은 없다고 믿었다. 그녀의 이런 마음 상태 역시 자기 신념이 약해서 생긴 것이다.

자기 신념이 만들어진 중요한 계기나 기억은 한 사람의 마음속에 오래도록 남는다. 그래서 누구와 함께 있어도 과거에 느꼈던 감정이 불쑥 떠오른다. 심지어 현재 상황이 과거의 기억과 관련이 없더라도 끊임없이 의심하고 왜곡하여 좋은 것도 안 좋은 것으로 만들어 버린다. 어떻게 보면 이 또한 생각한 대로 이루어진 셈이다.

2. 자기 자신과 긍정적으로 대화하는 능력

중요한 타인이 우리를 대하는 방식은 우리의 생각이나 감정, 행동에 깊게 뿌리내려 우리가 자기 자신을 대하는 방식에까지 영향을 준다.

그들 중에는 "넌 최고야. 너는 정말 뛰어난 사람이야. 나는 너를 좋아해. 넌 정말 대단해."라고 말하는 사람도 있을 것이고, "넌 왜 그렇게 멍청하니? 넌 뭘 해도 안 돼."라고 말하는 사람도 있을 것이다. 이러한 칭찬과 비난 모두 훗날 우리가 자신과 대화하는 방식에 영향을 미친다.

결국 우리가 어떤 식으로 자신과 대화를 나누냐에 따라 내면의 힘도 달라진다. 우리가 자신을 격려해 주고 긍정적인 메시지를 전해 주면, 우리는 더 강한 내면의 힘을 갖게 될 것이다. 반대로 자기 자신과의 대화를 부정적으로 이끄는 사람은 내면의 힘이 점점 약해질 것이다.

3. 약점을 극복하는 힘

'약점을 극복하는 힘'이란, 자신의 부족한 면을 직시하고, 그것을 적극적으로 극복하려는 마음가짐이다. 예를 들어 스스로가 자꾸 보잘것없게 느껴지는 사람이 있다. 그 사람은 다른 무엇보다 자신에게 붙어 있는 '열등감'이라는 꼬리표를 떼고 싶은 마음이 크다. 이 열등감만 사라지면 나 자신을 사랑할 수 있을 것 같고, 좀 더 자신감 있는 사람이 될 수 있을 것만 같다. 그리하여 그는 쉬지 않고 앞만 보고 달렸다. 이렇게 함으로써 마음속의 열등감이 사라지기를 바랐다. 하지만 무엇을 성취하든 마음속의 열등감은 그대로 남아 있었다. 이것이 바로 자신의 약점을 극복하는 힘이 약하기 때문에 생긴 결과다.

늘 초조한 당신을 위한 마음 치유 심리학

4. 타인과 긍정적인 관계를 맺는 능력

당신은 다른 사람과 만날 때 자신의 에너지를 소모하는 쪽인가? 아니면 상대와 서로 에너지를 주고받는 사람인가?

내면에 힘이 부족한 사람일수록 그 안에 힘을 채워 넣으려고 하지만, 그럴수록 인간관계를 통해 에너지를 얻기가 쉽지 않다. 반면 내면에 힘이 있는 사람일수록 사람들과 좋은 관계를 맺고 긍정적인 상호작용을 통해 에너지를 얻기 쉽다.

정리하자면 자기 신념과 자신의 약점을 극복하는 힘이 강하고 자기 자신과 긍정적으로 대화할 줄 아는 사람은 인간관계를 맺기가 수월하고, 사람과의 소통을 통해 더 많은 에너지를 얻는다. 반대로 이 세 가지가 충분치 않은 사람은 타인과 관계를 맺는 것이 힘들고, 인간관계 안에서 에너지를 잃기가 쉽다.

내면의 힘이 부족한 여성이 유독 많은 이유

과거 전통사회에서 기대한 이상적인 여성상은 어른스럽고, 배려심이 깊으며, 가정을 우선시하는 모습이었다. 마치 자기 자신보다 다른 사람을 위해 희생하는 것만이 여자의 덕목인 것처럼 여겨졌고, 그렇지 않은 여성의 경우 비난과 손가락질을 받았다.

중국에서 인기리에 방영된 드라마 〈가족의 재발견都挺好〉에 등장하는 소 씨 집안의 어머니는 전통사회가 요구하는 전형적인 여성상을 보여 주는 인물이다. 그녀는 남동생의 도시 호적(특정 도시에서 정착하여 생활하는 것을 허가하는 거주증_역주) 취득을 위해 마음에도 없는 남자와 결혼한다. 그녀는 결혼 생활 중에도 가족의 이익을 위해 자신의 결정권을 포기했고, 이로 인해 그녀의 인생 후반기는 비극적으로 흘러갔다. 그녀는 불공평한 운명에 굴복하면서도, 자신이 놓인 처지에 분노하고 불만을 느꼈다.

그녀는 자신의 의지와 달리 순응해야 하는 현실에 화가 났고, 자신의 인생이 이대로 무너지는 것을 받아들일 수 없어 고통스러웠다. 그녀는 점점 외모가 사나워지고 성격이 비틀리는 등 무서운 모습으로 변하게 된다.

현실에서 이런 유형의 여성들이 겪는 운명은 드라마 속의 소 씨 어머니보다 더 심각하고 절망적이다. 다음은 내게 상담을 받았던 한 의뢰인 A의 일화다.

A는 가족 중 맏이로, 엄한 부모님 밑에서 자랐다. 그녀는 항상 동생들을 돌보고, 그들에게 좋은 본보기가 되기 위해 노력했다. 시간이 흘러 그녀는 인간관계에서 자신이 희생해야 한다는 생각에 점점 익숙해졌다. A는 자신이 희생하지 않으면 사랑받지 못하거나 비난받을 것이란 생각 때문에 자기 가치에 대한 믿음이 약해

늘 초조한 당신을 위한 마음 치유 심리학

졌다.

결혼 후에도 A는 가정을 위해 많은 헌신을 했지만, 남편에게 존중과 사랑을 받지 못했다. 그녀가 매번 남편의 못난 부분만 지적하며 심하게 나무랐기 때문이다. 남편이 그녀에게 관심을 보여도 그에게 돌아오는 것은 싸늘한 비난뿐이었다. "당신이 나를 신경 쓰기는 해?", "내가 힘들다는 걸 알기는 알아?", "말만 그럴듯하게 하지 말고 실제 행동으로 보여줘 봐!"

어쩌면 그녀가 하는 말들이 틀린 말은 아닐지도 모른다. 하지만 남편 입장에서 그녀가 쏟아내는 말들은 자신을 비꼬는 말, 지시하는 말, 비난하는 말들로 들렸다. A의 남편은 아내가 사사건건 자신의 행동에 꼬투리를 잡으며 나무라니 갈수록 말수가 줄고 감정을 억누르게 됐다.

한편 A의 입장은 이랬다. "남편은 단 한 번도 제 마음을 알아준 적이 없어요. 제가 그렇게 여러 번 말했는데도 전혀 아랑곳하지 않는 걸 보면, 그 사람은 저를 사랑하지 않는 게 분명해요." A는 생각하면 할수록 억울하고 답답했다. 그래서 자신을 피하는 남편을 보면 더 화가 치밀어 올라 쫓아가 따졌다. A는 이렇게 해서라도 남편이 회피하지 않고 자신의 마음을 이해해 주기를 바랐다. 하지만 그녀가 모르고 있는 것이 있다. 자신의 마음을 알아달라고 남편에게 거칠게 쏟아붙인 말들이 오히려 남편의 마음속에 못처럼 박혀, 결혼 생활에서 도망치고 싶게 만들었다는 것을 말이다.

A가 줄곧 남편에게 공격적이고 비난하는 태도로 자신과의 친밀함을 강요한 이유 역시 그녀가 내면의 힘이 부족한 사람이기 때문이다.

먼저 그녀가 가지고 있는 자기 신념을 살펴보자. 그녀의 내면에는 오래전부터 이런 생각들이 자리 잡고 있었다.

'내가 남들에게 무언가를 줄 수 있어야 내 가치가 생기고 그들에게 사랑받을 수 있어.'

'중요한 건 나 자신이 아니라, 내가 상대에게 필요한 존재인가야. 내가 상대한테 필요 없는 존재가 되면 나는 버림받게 될 거야.'

자신에 대한 이런 부정적인 신념을 마음속에 품은 뒤로 그녀는 사람의 진심을 믿을 수 없게 되었고, 남들이 자신의 진짜 모습을 좋아할 리 없다고 단정했다. 그래서 A는 자신의 가치를 인정받고 사랑받는 존재가 되기 위해 '희생과 헌신'을 선택했다. 그 결과, 그녀는 남들에게 지나칠 정도로 헌신하면서 자신에게는 전혀 시간을 쓰지 않았다. 그러면서도 누군가가 자신에게 다가오려고 하면 상대의 감정이나 의도를 의심했다. A는 칼로 베는 듯한 말로 상처를 주며 상대가 그렇게 해도 자신 곁에 남을 사람인지, 진정으로 자신을 사랑하고 있는지를 시험했다.

그녀는 다른 사람의 상처를 보지 못했으며, 다른 사람이 자신 때문에 상처받고 있다는 사실조차 자각하지 못했다. 그저 다른 사람들이 자신에게서 멀어질 때마다 '역시 아무도 나를 진심으로 사랑해 주지 않는구나'라고만 해석했다. 그녀는 이런 식으로 계속해서 부정적인 감정 경험을 반복해 나갔다.

사실 A는 자기 자신과 긍정적인 대화를 나누는 것도 어려워했다. 그녀는 자신을 칭찬하고 격려하는 것은 물론, 남편이나 자녀를 칭찬하는 것도 힘들어했다. 그 이유는 A가 어릴 때부터 지적과 꾸중만 듣고 자랐기 때문이다. 이러한 성장 배경 때문에 A는 남편과 자녀와 대화할 때 긍정적인 표현을 사용하는 것이 익숙하지 않았던 것이다.

결과적으로 그녀의 부정적인 표현 방식은 남편을 점점 의기소침하게 만들었고, 자녀들도 점점 그녀에게서 멀어져 갔다. 또한 그녀 자신 역시 '나는 형편없는 사람이야'라는 생각에서 벗어나지 못했다.

당연히 그녀는 결혼 생활 내내 가까운 가족과의 관계에서 에너지를 얻지 못했다. 이는 그녀가 타인과 긍정적인 관계를 맺는 능력이 부족하다는 것을 의미한다. 그녀는 자신의 감정에만 매몰되어 남편의 침묵이 무엇을 의미하는지, 남편이 무엇을 원하는지 이해하지 못했다. 그 결과 그녀는 남편의 침묵을 자신에 대한 무관심과 자신을 사랑하지 않는다는 무언의 표현으로 해석해 버렸다. 결국 A는 남편에게 다가갈 때마다 자신감을 잃어 갔고, 그로 인해 결혼 생활은 점점 두 사람에게 고통스러운 굴레가 되었다.

내면의 힘을 키우려면 어떻게 해야 할까?

내면의 힘이 약하다고 느끼는 이유는 대개 실제로 내면의 힘이 부족해서가 아니라, 마음속의 여러 감정과 생각이 서로 충돌하기 때문이다.

이를 이해하기 위해 도로 한가운데에 멈춰 서있는 마차를 상상해 보자. 겉보기에는 마차가 가만히 서 있는 것처럼 보이지만, 실제로는 다섯 마리의 말이 각기 다른 방향으로 마차를 끌려고 하고 있다. 각각의 말은 있는 힘을 다해 마차를 잡아당기고 있지만, 마차는 꿈쩍도 하지 않는다.

마찬가지로 마음속 여러 감정과 생각이 충돌하기만 하면 내면의 힘은 발휘되지 않는다. 내면에 존재하는 다양한 감정과 생각을 잘 이해하고 이를 하나의 방향으로 모으는 법을 배우지 못한 사람은 결단력과 자신감이 부족할 수밖에 없다. 그리고 그 모습은 남들이 보기에도, 스스로 느끼기에도 '내면의 힘이 없다'고 여겨질 것이다.

그러니 어찌 보면 내면의 힘은 한 사람이 자기 자신과의 관계를 얼마나 잘 다루는지를 나타내는 '바로미터'라 할 수 있다.

예를 들어보자. 내면의 힘이 군대를 지휘하는 사령부라면, 그 사령부가 통솔하는 각 부대는 우리의 결혼, 직장 생활, 인간관계, 취미 등에 해당한다. 사령부의 각 지휘관은 일상에서 다양한 역할을 하는 우리 자신과 같다. 모든 지휘관이 서로 협력하고 응원하고 이해한다면, 사령부 전체에 강력한 결속력이 형성될 것이다. 그렇게 된다면 각 지휘관이 이끄는 부대는 필시 용감하게 싸워 백전백승할 것이다. 그러나 반대로 사령부가 매일 내부 갈등과 분열을 겪는다면 각 지휘관이 이끄는 부대 역시 사기가 저하되어 전투에 임할 때마다 패배를 면치 못할 것이다.

내면에 힘을 갖추었을 때 당신은 나 자신이 바로 이 세상이자, 무한한 잠재력을 가진 보물창고임을 깨닫게 될 것이다. 그러므로 우리가 평생 노력하고 이뤄야 할 일은 나 자신을 더 깊게 이해하고 자신만의 행복을 찾는 것이다.

내면에 힘이 있는 나 자신은 모든 행동과 선택의 근본적인 동력이 되니, 당신이 마주하게 되는 모든 문제의 해답 또한 당신의 내면에서 자연스럽게 떠오를 것이다. 또한 강박적인 생각이나 의식적인 노력 없이도 가장 편안한 상태에서 최선의 선택을 할 수 있게 된다.

여러분도 이처럼 편안하고 자유로운 상태에 이르고 싶다면, 이 책을 끝까지 읽어 보길 바란다. 이 책은 독자가 쉽게 이해하고 편안한 마음으로 읽을 수 있도록 작성되었으며, 각 장에서는 이론적인 설명뿐 아니라 구체적인 실천 방법도 제안하고 있다. 이 책을 통해 당신도 내면의 힘에서 흘러나오는 여유로움을 느낄 수 있을 것이다.

홀가분한 마음으로 이끄는 주문

어떤 감정이 마음속에서 솟구칠 때 이렇게 말해 보자!

· 내 마음속에 사는 작은 괴물아! 내 마음을 알려줘서 고마워.
· 네가 나를 지켜주고 있어서 나는 외롭지 않아.
· 걱정 마, 나는 나를 잘 돌볼 수 있어.

삶에 모든 에너지를
올인하는 당신에게

우리는 잘못된 방향으로 쓸데없는 노력을 하고 있다

삶에 모든 에너지를 쏟아붓는 이들은 마음을 들여다보려고 하지 않고 문제의 해결책을 찾는 것에만 집중한다.

우리는 평소 다양한 상황에서 마주하는 문제들을 어떻게 해결할지 고민하고 훈련받는다. 그 결과 더 열심히 살수록 감정을 배제하고, 논리적이며 이성적으로 사고하려는 경향이 강해진다. 감정을 동원하지 않으면 상처받을 일이 없다고 생각해서다.

하지만 결과적으로 우리는 온 힘을 다해 열심히 살면서도 오히려 점점 지쳐가게 된다. 이유가 뭘까? 공교롭게도 문제는 바로 '모든 에너지를 쏟아붓는 삶'에 있다. 삶에 너무 많은 에너지를 쏟느라 문제의 본질을 이해하고 감정을 들여다볼 여력이 없어 빠른 해결책만 찾으려고 하기 때문이다.

고민에 빠진 한 엄마의 예를 들어보자. 엄마는 성적이 점점 떨어지고 있는데 새벽 두 시까지 휴대전화를 가지고 노는 아이를 보니 속이 타들어 갔다. 그녀는 남편이 '악역'을 자처하고 아이의 휴대전화를 압수하도록 부탁했다. 결국 남편은 아내의 부탁에 어쩔 수 없이 아이와 실랑이를 벌여 휴대전화를 압수하는 데 성공했다.

보기에는 문제가 해결된 것 같지만, 정말로 문제가 해결된 걸까? 그렇지 않다. 처음에는 휴대전화 사용이 문제인 것처럼 보였지만, 휴대전화가 없어진 후 아이가 학업 부담과 스트레스를 제대로 해소하지 못하는 더 큰 문제가 드러났다. 억압적인 집안 분위기 탓에 아이는 아무 말도 할 수 없게 되었다. 아이는 스트레스나 어려움이 있어도 내색하지 않고 참았으며, 부모 앞에서는 말 잘 듣고 성실히 공부하는 아이처럼 행동했다. 이 모든 것은 부모님의 비난과 질책을 피하기 위한 연기였다. 이후 아이는 끝내 우울증을 앓게 되었다.

위 일화 속 아이의 엄마는 '이성으로 무장한 해결사'에 가깝다. 그녀는 항상 어떤 행동이 왜 좋고, 어떤 행동이 왜 나쁜지를 논리

늘 초조한 당신을 위한 마음 치유 심리학

적으로 설명하며 아이에게 변화를 요구했지만, 이런 식의 접근은 아이로 하여금 부모에게 비난받고 있다는 느낌과 스트레스를 주었다. 그 결과, 그녀가 아무리 설명하고 달래려 해도 아이는 엄마의 충고에 더 큰 거부감을 느껴 부모로부터 멀어졌다.

이성적인 사고방식을 가진 사람은 '대뇌'라는 도구를 이용해 문제를 객관적으로 분석하고 평가하며 해결책을 찾는다. 이들은 마치 연극이나 드라마 감독처럼 극 중 인물 간의 사랑과 증오, 갈등과 같은 감정적 요소에 몰입하지 않고, 극 바깥에서 이를 객관적인 시각으로 분석한다. 반대로 감성적으로 사고하는 사람은 극 중의 배우처럼 상황에 깊이 몰입하여 생각하고 행동한다. 이들이 어떤 상황이나 타인과의 관계에 깊이 몰입할 수 있는 것은 그들의 마음이 열려 있기 때문이다.

'나와 너의 관계'를 봐야 비로소 내가 보인다

위 사례에서 아이를 지치게 만든 것은 학업 스트레스가 아니라, 숨이 막힐 듯한 부모와의 관계다. 실제로 일상에 지친 사람들의 삶을 들여다보면, 대체로 불편한 인간관계가 하나씩은 존재한다. 여기서 '불편한 인간관계'란 당신이 아무리 노력해도 그 노력을 인정하지 않고, 지지하지 않으며, 이해해 주지 않는 그런 관계를 말한다.

이런 관계 안에서는 노력할수록 자신의 에너지가 점차 고갈되는 느낌을 받게 된다. 특히 잘못된 방식으로 노력하면 그 노력 자체가 상황을 더 악화시키는 원인이 된다. 이런 노력은 부정적인 에너지만 쌓이게 만들어 더 많은 문제를 일으킨다.

가족 중 누군가가 아픈 상황을 예로 들어보자. 어떤 가정에서는 아내가 아플 때 남편의 첫 반응이 "밥을 차려 줄 사람이 없다"는 불평이다. 아내는 아픈 자신을 걱정해 주기는커녕 본인의 끼니를 걱정하는 남편 때문에 서운함을 느끼고 이혼을 고려하게 된다. 반면 이런 가정도 있다. 평소 부부 사이에 다툼은 있지만, 아내가 아플 때는 남편이 아내를 살뜰하게 보살피고, 식사 준비와 집안일도 기꺼이 도맡아 한다. 이런 경우 아내는 남편에게 안도감과 감사함을 느끼게 된다.

인간은 자신에게 닥칠 일을 결정할 수 없다. 이는 어쩌면 우리 모두가 직면해야 하는 객관적인 현실이다. 하지만 사람과 사람 사이의 '인정의 온도'는 우리가 결정할 수 있다. 객관적인 사실은 변하지 않더라도 인간관계의 온도는 본래의 불행한 상황을 따뜻하게 만들 수도 있고, 반대로 원래 따뜻했던 상황을 차갑고 계산적

늘 초조한 당신을 위한 마음 치유 심리학

으로 바꿀 수도 있다. 우리가 지치고 소모되고 있다는 느낌을 받는 이유도 대부분 인간관계의 온도 때문이다.

현대 사회의 거의 모든 문제는 인간관계와 밀접한 관련이 있다. 그리고 이 인간관계는 일반적으로 두 가지 유형으로 나뉜다. 바로 '나와 너의 관계' 그리고 '나와 그것의 관계'다. 당신은 이 둘 중 어느 유형이라고 생각하는가?

여기서 '나와 너의 관계'란 무엇일까? 이 관계에서 '나'와 '너'는 둘 다 주인공이면서 주인공이 아니다. '나와 너의 관계'란 서로의 장단점을 보완하고, 서로가 긍정적인 영향을 미치며 함께 성장하는 관계다.

반면 '나와 그것의 관계'는 일방적인 관계를 의미한다. 여기서 '나'는 주인공이고, '그것'은 조연이다. '그것'이 누구인지는 크게 중요하지 않다. 중요한 것은 그 대상이 나의 요구나 감정을 충족시켜 줄 수 있는지다.

일례로, 어떤 여성이 자기 남편에 대해 이렇게 말했다. "남편이 아이를 장난감처럼 대하는 것 같아요. 기분이 좋을 때는 아이를 안고 장난치며 놀아주지만, 기분이 안 좋을 때는 아이에게 눈길 한 번 주지 않아요." 여기서 언급된 남편의 태도가 바로 '나와 그것의 관계'를 잘 설명해 주는 예다.

사람들이 지치고 소모된다는 느낌을 받는 이유도 바로 자신이
'나와 그것의 관계' 중 '그것'의 위치에 있기 때문이다. '그것'의 위
치에 있는 사람들은 자신의 감정과 생각이 무시당하고 있다고 느
낀다. 그들은 상대방이 자신을 존중하지 않으며 상처를 주고 있다
고 생각한다.

또 다른 유형의 사람이 있다. 그들 역시 일상에서 지치고 소모
된다는 느낌을 받는다. 그들이 이런 느낌을 받는 이유는 자신과 상
대의 관계가 '나와 너의 관계'라고 생각했는데, 실제로는 '자신만의
세계'에 사느라 '너'를 보지 못하고 있기 때문이다.

그들은 자신이 '나와 너의 관계'에서 가장 많이 희생하는 쪽이라
생각한다. 그래서 그 관계에 큰 기대를 품는다. 상대방이 나를 사
랑하기를, 나에게 고마워하기를 바라면서 말이다. 하지만 결국 마
주하게 되는 것은 자신에게 필사적으로 저항하는 상대방의 모습
이다.

이러한 상황을 잘 드러내는 말이 있다.

"부모는 자식에게 감사하다는 말을 듣고 싶어 하지만, 자녀는 부
　모에게 사과를 바란다."

늘 초조한 당신을 위한 마음 치유 심리학

인간관계에서 서로의 요구나 기대가 어긋났을 때 나타나는 문제를 잘 보여주는 말이다.

'나와 그것의 관계' 속에 사는 사람은 대체로 자기 내면의 '나'를 보지 못하는 경우가 많다. 그 이유는 어렸을 적부터 관심이나 인정을 받지 못했거나, 자신의 성취를 통해서만 인정받을 수 있다고 여겨서다. 그래서 사실 이런 사람들은 '나와 너의 관계'를 이루는 능력이 부족하다. 이러한 심리 상태는 남성에게서 두드러지게 나타난다.

예를 들어, 많은 남성이 아내가 화를 내면 긴장부터 한다. 그리고 스스로가 문제 해결을 위해 노력해야만 아내의 마음을 달랠 수 있다고 생각한다. 그 결과는 어떨까? 남편이 아내의 마음을 헤아리려 하지 않고 아내가 화난 상황만 조속히 해결하려 할수록, 아내는 남편이 적당히 넘어가려는 것처럼 느껴져 더 화를 내게 된다. 남편이 자신의 마음을 모조리 무시하고 있다고 느끼기 때문이다.

사실 아내가 원하는 것은 남편의 진심 어린 반응이다. 남편의 공감을 통해 아내는 자신이 혼자가 아니라는 것을 느끼고 싶다. 그렇기에 기계적으로 노력하는 모습은 오히려 남편을 진정성이 없는 단순한 문제 해결의 도구로 보이게 만든다.

당신은 '문제 해결의 도구'가 되어 가고 있는가?

한번 생각해 보자. 당신은 평소 자신의 감정은 일단 제쳐두고, 문제부터 해결하려고 하지 않는가?

우리는 이렇게 생각하는 버릇이 있다. '감정을 드러내는 건 치기 어린 행동이야. 문제를 해결할 줄 알아야 해.' 그래서 위기가 닥쳤을 때 온갖 자원을 총동원하여 문제해결의 방법을 강구한다. 그 결과 사람들은 갈수록 계산적이고, 각박하고 냉담하게 변하며, 자신의 생각이나 감정을 남에게 드러내지 않으려고 한다.

물론 때때로 이런 방식이 문제를 해결하는 데 도움이 될 수도 있다. 하지만 어떤 경우에는 가까운 사람들과의 관계를 희생하는 대가를 치르게 될 수도 있고, 이는 결국 새로운 문제를 초래하는 원인이 된다.

한 여대생이 남자친구와의 교제를 부모님이 반대한다는 이유로 내게 상담을 요청했다. 그녀는 남자친구와 헤어지고 싶지 않지만, 자신이 옳은 선택을 했는지 확신이 서지 않아 괴로웠다. 겉으로 보기에는 그저 선택의 문제 같겠지만, 사실 이 상황은 그녀가 자신의 인생에 책임을 질 수 있는지, 그녀의 인생을 누가 결정하는지에 대한 문제다.

지금 그녀는 인생의 주도권을 되찾아야 할 시기에 있으면서, 동시에 자신의 선택에 책임을 져야 할 때다. 그러나 한편으로는 자기 선택에 확신을 품기에는 아직 인생 경험과 연륜이 부족한 나이기도 하다. 이는 사람이라면 누구나 성장 과정에서 반드시 마주치게 되는 과제다. 자신에게 주어진 이 과제의 본질을 깨닫고 자기 주도적인 삶을 꾸려나갈 수 있다면, 아울러 부모님의 생각과 염려까지 이해할 수 있는 마음가짐을 갖춘다면, 이 과제를 풀어가는 과정에서 빠르게 성장할 수 있을 것이다.

안타깝게도 그녀는 빨리 문제를 해결하고 싶은 마음에 서둘러 헤어짐을 선택했다. 그 결과 마음 한편에 부모님에 대한 원망을 품고 오랫동안 연애를 하지 않았다. 이후에도 줄곧 소개팅은 했지만 깊은 만남으로 이어지지 못하는 등 사랑에 대한 열정을 다시 불태우지 못했다.

그러므로 어떤 문제에 부딪혔을 때 불안하고 조급해할 게 아니라 잠시 멈추고 한번 생각해 보라.

'이 문제를 풀어가는 과정에서 내가 성장해야 할 부분은 무엇인가?'

이런 고민이 가능해야 진정으로 문제를 해결할 수 있다.

부모라면 누구나 자녀가 멋지게 성장하기를 바라는 마음을 가지고 있을 것이다. 그래서 매일 같이 자녀에게 입이 닳도록 '열심히 공부해라', '뒤처지면 안 된다'라고 잔소리를 하게 된다. 그러나 결과적으로 아이들은 부모의 사랑을 느끼기보다는 부모가 오직 성적만 중요하게 생각한다고 여겨 공부를 더욱 싫어하게 된다.

아이들은 마음속의 압박감과 스트레스가 극에 달해도 정작 이를 터놓고 말할 사람이 없어서 휴대전화를 보거나 음악을 듣는 것으로 자신의 마음을 달랜다. 그러나 애석하게도 부모는 자녀의 이런 모습을 보면 더 불안하고 초조하다.

부모는 불안과 걱정이 커질수록 자녀를 도울 방법을 찾기 위해 더욱 노력한다. 그들은 스스로 문제 해결사가 되기를 자처하면서도 정작 자기 내면의 불안과 두려움은 간과한다. 아이를 대할 때도 마찬가지다. 아이의 생각과 감정을 공감하려는 자세로 소통하지 않으니, 아이 역시 불안과 두려움을 느끼고 있을지도 모른다는 생각을 하지 못하게 된다.

결국 부모는 아이의 마음을 읽지 못하게 되고, 아이한테는 부모 자체가 또 다른 스트레스가 되어 버린다.

늘 초조한 당신을 위한 마음 치유 심리학

마음이 행복하면 답은 자연스레 찾아온다

부모가 자녀를 대하는 방식은 왜 자녀들에게 거부감을 주는 걸까?

우리 부모님 세대는 어릴 때부터 '부지런하고 인내해야 한다', '힘든 일도 견뎌야 한다', '몸에 좋은 약은 입에 쓰다'와 같은 교훈을 들으며 자랐다. 그래서 그들은 모든 성장과 노력에는 '고통'이 동반한다고 믿으며, 힘들지 않으면 그것은 충분히 노력하지 않은 것이라 생각한다.

그 고통에 적응하기 위해 부모님 세대가 선택한 방법은 감정을 누르고 이를 악물며 견뎌내는 것이었다. 그리고 점점 이런 방식에 익숙해져 자신의 생각과 감정은 잊어버린 채 '인생은 원래 이렇게 힘든 거야'라고 믿게 되었다.

부모는 자신들의 가치관과 믿음을 세상에서 가장 사랑하는 자녀에게 물려주려고 하지만, 그럴 때마다 자녀는 이런 생각을 하게 된다.

'내 감정은 중요하지 않은가 봐. 엄마한테 제일 중요한 건 나의
　성적이지 내가 아닌 것 같아. 엄마가 생각하는 목표에 도달하지
　못하면 엄마는 별의별 방법으로 나를 괴롭힐 거야.'

때로는 정말 열심히 노력했는데도 보상받지 못한 기분이 드는 이유가 바로 여기에 있다. 만일 부모가 무작정 자신의 관점을 자녀에게 주입하고, 그것이 왜 중요한지 이해시키려 한다면, 또한 자녀가 더 분발하게 만들기 위해 강압적으로 밀어붙이고 지적하는 방식을 고수한다면, 부모의 의도와는 다르게 자녀는 자신이 비난받거나 공격받고 있다고 느끼게 된다. 이로 인해 자녀는 부모와의 소통이 힘들어지고, 부모에게 긍정적인 격려와 지지를 받기가 더욱 어려워진다. 그렇게 되면 결국 부모가 그동안 자녀를 위해 쏟은 노력은 모두 헛되게 되고, 그보다 더 최악의 상황을 맞을 수 있다.

'논리적으로 생각하며 문제의 답을 찾는 것'이 사회에 적응하는 과정이라면, '자신의 감정과 본능에 집중하는 것'은 자신이 진정으로 원하는 것을 찾아가는 과정이다. 자신이 진정으로 원하는 바를 찾아가는 사람일수록, 살면서 경험하게 되는 다양한 감정과 상황을 더 깊이 이해하게 된다. 그리고 그 경험을 통해 주변 사람들에게 따뜻함과 지혜를 나눌 수 있게 된다.

물론 논리와 이성만 가지고도 이 세상을 살아갈 수는 있지만, 그것은 마치 수년간 갑옷을 입고 손에 창을 쥐고 사는 것과 같다. 만약 이로 인해 지치고 소모되고 있다는 느낌이 든다면 갑옷을 벗고 창을 내려놓으면 된다. 그리고 자유롭게 자신을 표현하고, 자신에게 기쁨을 주는 상황에 몰입해 보자. 그렇게 몸과 마음의 긴장을 풀어주고 신선한 공기를 마시며 햇볕의 따스함을 느껴보길 바란다.

행복한 마음은 당신에게 필요한 답을 자연스럽게 가져다줄 것이다. 기억하라, 내 안의 나는 이미 충분한 힘을 가지고 있음을. 그 에너지는 당신이 어떠한 문제도 극복할 수 있도록 도와줄 것이다. 오직 당신이 자기 자신을 믿고 행복하게 만들어 줄 수 있다면 말이다.

홀가분한 마음으로 이끄는 주문

스트레스를 느낄 때
이렇게 말해 보자!

이렇게 힘든 상황에서도 견디고 있다니, 정말 잘하고 있어!
힘들고 어렵지만 그래도 계속 도전하고 있는 나, 정말 대단해.
이런 나는 맛있는 저녁 식사를 즐길 자격이 충분해. 조금 사치를 부려도 괜찮아!

'느긋함', 압박과 무기력 사이의 그 어디쯤

'느긋함'이란 무엇인가?

'마음이 느긋한 상태'는 모든 것을 방치하고 시간이 해결하기를 바라는 무기력한 상태가 아니다. 또한 문제를 회피하거나 포기하는 상태도 아니다. 무의미한 노력을 반복하며 극심한 스트레스를 느낄 때, 느긋함은 자신에게 일시 정지를 걸어 불필요한 노력과 시간 낭비를 멈추게 하고, 외부의 기대에 휘둘리지 않고 자신의 중심을 지킬 수 있도록 돕는다. 이는 또한 앞으로 나아가기 위해 자신을 재정비하고 더욱 단단해지는 과정이기도 하다. 느긋함에도 순차적인 단계가 있다.

늘 조조한 당신을 위한 마음 치유 심리학

느긋함의 3단계

1단계: 의식적으로 느긋해지려고 노력한다

느긋해 보이려고 노력하지만, 내적 갈등으로 마음이 시끄러운 상태다. 본인 스스로 느긋함이 필요함을 잘 알고 있지만, 의식적으로 노력할수록 오히려 부정적인 생각들이 마구 떠오른다.

'지금 네 상태로 가능하겠어? 다른 사람이 뭐라고 생각하겠어,
 만약에 문제라도 생기면 어쩌려고 그래….'

이런 생각들이 끊임없이 머릿속을 맴돌아 모든 근육은 항상 긴장된 상태를 벗어나지 못한다.

따라서 의식적으로 만들어 내는 느긋함은 오래 지속되지 않는다. 짧게는 몇 분, 길어도 몇 시간에 불과하며 금세 원래의 긴장된 상태로 돌아가게 된다.

의식적으로 느긋해지려고 노력하는 사람은 긴장을 풀지 않아야 자신이 안전하다고 느낀다. 이는 전투 중인 병사가 잠시 무장 해제하고 휴식을 취하는 순간에도 적이 언제 기습해 올지 몰라 불안감에 시달리는 것과 유사하다. 이러한 불안감은 자신이 마음 놓고 방심하는 순간에 갑자기 나쁜 일이 발생할 수 있다는 생각에서 비롯된다.

따라서 의식적으로 만들어 내는 느긋함은 아주 잠시 숨을 고르게 할 뿐, 마음의 여유를 채워주지 않는다. 그렇지만 늘 긴장하며 사는 이들에게는 잠시나마 숨을 고르는 그 여유만으로도 충분히 소중하게 느껴질 것이다.

2단계 : 느긋함을 즐기려 한다

이 단계에서 느끼는 느긋함은 1단계에서 느꼈던 느긋함보다는 훨씬 더 편안한 느낌이다. 이 단계에 도달한 사람은 자신을 위해 고정적으로 시간을 내서 삶을 즐기며 정서적 안정과 편안함을 느낀다.

마음속 불안감과 공포는 조금 줄어들었으나, 완전히 사라진 것은 아니다. 단지 불안감과 공포를 더 많이 차단하거나 분리했을 뿐이다. 긴장된 마음의 근육을 이완시키는 동안에도 내면의 불안감과 공포는 여전히 계속 존재하며, 공허한 마음이 자주 든다. 특히 물질이 주는 즐거움과 신체적 이완은 일시적으로 느긋한 마음을 갖게 하지만, 시간이 지나면 더욱 공허함을 느끼게 되고, 원래의 일상으로 돌아갔을 때 압박감이 더 심해진다.

물론 이 단계에 있는 사람은 첫 번째 단계의 사람보다 정신 상태가 훨씬 안정적이다. 그러나 내면이 공허한 상태에서 강제로 불안과 공포를 억제한다 해도, 같은 상황이 다시 발생했을 때 그 문제들을 다시 마주하게 된다.

3단계 : 느긋함이 저절로 흘러나온다

이 단계에서 느낄 수 있는 느긋함은 인위적으로 만들어 낼 수 있는 것이 아니라, 내면의 충족감과 만족감이 충분히 차 있을 때 자연스럽게 느껴지는 것이다. 이런 마음 상태를 가진 사람은 모든 문제에 크게 스트레스를 받지 않으며, 어떤 문제에 부딪혀도 단단하게 맞서고 극복할 힘이 있다. 이것이 바로 행복한 마음 상태에서 자연스럽게 흘러나오는 느긋함이다.

당신의 모든 피부와 근육이 이완되고 에너지가 차오르는 느낌이 들 때, 당신의 내면은 자기 자신에 대한 애정과 사랑으로 가득 차게 된다. 이러한 자기 긍정감은 자연스럽게 주변의 모든 생명체에 대한 자비로운 태도로 이어진다. 이러한 마음은 과거의 나를 깊이 이해하고, 과거의 성공과 실패를 기꺼이 인정하며, 나와 내 주변 사람들을 진심으로 포용할 수 있을 때 자연스럽게 느껴진다. 이 감정은 어느 날 갑작스럽게 발생하는 것이 아니라, 오랜 시간 유지되며 그 사람의 성격에 깊이 뿌리내려 자연스럽게 그의 일부가 된 것이다.

사람들은 대개 일을 하면서 힘들고 지친 느낌을 받는다. 그러나 일부 사람들에게는 일이 오히려 자신의 즐거움이자 삶을 풍부하게 만드는 원천이 된다. 그렇다. 만약 지금 하는 일을 사랑하고 있다면, 그 사람은 일을 억지로 하는 것이 아니라 즐기고 있는 것이다. 이러한 상태가 바로 행복한 마음에서 흘러나오는 느긋함이다.

이와 같은 경지의 느긋함을 지닌 사람은 자신에게 역동적인 힘을 불어넣을 수 있다. 느긋한 마음은 삶을 다시 힘차게 살아갈 수 있도록 만들어 준다. 장시간 달린 자동차에 연료를 가득 채워 두면, 다음번 출발할 때는 더 힘차게 달릴 수 있는 것처럼 말이다.

이처럼 마음이 느긋해지면 내면에 긍정적인 에너지가 채워지고, 문제에 맞설 수 있는 단단한 힘이 생긴다. 아울러 생각은 더 명료해지고, 의지는 더욱 굳건해지며, 더 현명하고 올바른 결정을 내릴 수 있게 된다.

사람들은 대부분 첫 번째 단계의 느긋함을 경험하는 데 그치며, 일부는 두 번째 단계의 느긋함을 경험하게 된다. 그리고 매우 극소수의 사람만이 세 번째 단계의 느긋함을 누릴 수 있다.

그중 세 번째 단계의 느긋함은 우리 내면 깊은 곳의 생각과 믿음에서 만들어진다. 당신의 머릿속에서 떠오르는 생각들이 일관적인지, 아니면 서로 충돌하며 혼란을 일으키는지 한번 생각해 보라. 생

늘 초조한 당신을 위한 마음 치유 심리학

각의 일관성이 강할수록, 즉 자신의 가치관, 믿음, 목표 등이 서로 잘 맞물려 있어 세 번째 단계의 느긋함을 더 쉽게 경험할 수 있다.

기억하라. 자신을 충분히 사랑하고, 자신의 모든 면을 포용할 수 있게 된다면 느긋함이 내 안에서 저절로 흘러나올 것이다.

말과 행동에서 자연스럽게 느긋함이 묻어나는 사람

우리가 살면서 마주치는 다양한 상황을 느긋한 마음으로 대처할 수 있을지 없을지는 다음 두 가지 관점에 따라 결정된다.

첫 번째는 자신을 바라보는 시각이고, 두 번째는 세상을 바라보는 시각이다.

자신에 대해 '나는 괜찮은 사람이다', '나는 사랑받을 자격이 있다', '나는 능력이 있다', '나는 이런 내가 좋다', '나는 나의 장점과 단점 모두 소중하다'고 생각하는 사람은 굳건한 자기애를 가지고 있다. 이러한 자기애는 어떠한 일을 할 때 자신감을 부여하며, 이런 사람의 내면은 이미 느긋함이 50% 차 있다.

또한 세상에 대해 '나는 타인을 신뢰할 수 있다', '타인은 나를 걱정하고 사랑한다', '타인은 고의적으로 나를 공격하지 않는다'라고 느끼는 사람은 대체로 편안하고 안정적인 정서를 가지고 있다. 긍정적인 자기 인식을 가진 사람의 내면에 느긋함이 50% 차 있다면, 나머지 50%는 세상을 바라보는 긍정적인 시각으로 채워진다.

결론적으로 느긋한 마음은 개인의 마음 상태와 사회적 경험이 각각 절반씩 영향을 미친다고 볼 수 있다. 과거에 학대와 비난, 무시, 폭력과 같은 부정적인 경험을 겪은 사람이 자신에게 느긋한 마음을 갖도록 강요하는 것은 오히려 자신을 더 힘들게 할 수 있다. 이는 과거의 경험을 외면하고 자신의 솔직한 감정을 받아들이지 못한 상태에서 단순히 긍정적인 마인드를 자신에게 강요하는 것이기 때문이다.

살면서 겪는 경험을 완전히 통제할 수는 없지만, 그 경험 중 상당 부분은 우리의 선택에 따라 결정된다. 특히 인간관계에서 상대방이 누구인지는 우리가 받는 대우에 큰 영향을 미친다. 더욱이 나이가 어릴 때는 대개 관계의 주도권이 상대방에게 기울어지는 경우가 많다. 그러나 상대방이 우리에게 어떤 태도를 취하든, 그 관계 속에서 우리가 어떻게 반응하고 대처할지는 우리가 결정할 수 있다.

모든 관계에는 언제나 상대방이 나를 어떻게 대하는지와 그 태도에 대한 나의 반응이 존재한다. 상대방의 태도는 그들의 책임이고, 나의 반응은 나의 책임이다. 그리고 나이가 들수록 내가 상대방의 말과 행동에 어떻게 반응하는지가 관계의 발전에 더 큰 영향을 미친다.

그렇게 보면 사실 우리가 느끼는 느긋함의 25%는 외부 환경과 타인의 영향을 받지만, 나머지 75%는 우리의 선택과 태도에 의해 좌우된다. 다시 말해 느긋한 마음을 가질 수 있느냐는 우리 스스로가 결정할 수 있는 일이라는 의미다.

당신이 그 75%에 영향을 주는 요소들을 집중적으로 관리하고, 동시에 나머지 25%에 영향을 주는 외부 요인들을 잘 이해하고 대응한다면, 자신의 삶을 더 잘 주도하고 통제할 수 있는 자신감을 얻게 될 것이다.

그렇다면 그 75%에 영향을 주는 요소들을 어떻게 관리해야 할까? 구체적인 실천 방법은 다음과 같다.

두려움과 조바심이 몰려올 때 어떻게 마음을 진정시킬까?

마음이 느긋해졌을 때 무슨 일이 생길까 봐 걱정된다면, 다음 두 가지 방법을 곧장 실천해 보길 바란다.

첫 번째 방법 : 긍정 문장 적기

아래의 문장을 종이에 적어 침대 머리맡에 붙여두자. 매일 아침 눈을 뜰 때 그리고 잠들기 전에 이 문장을 20번씩 조용히 읊어보자. 이 방법은 당신의 생각과 인식, 태도에 직접적으로 개입하여 당신의 마음가짐에 변화를 일으킬 수 있다. 문장은 다음과 같다.

나는 지금의 나를 좋아한다. 나의 장단점 모두 나의 특징이며, 이 모든 것이 가장 '나다움'을 만든다. 나는 이 세상에서 특별한 가치를 가진 사람으로, 그 누구도 나를 대신할 수는 없다. 이 세상에 나와 완벽하게 똑같은 사람은 없기 때문이다. 그리고 이 세상은 아주 안전하다. 나 역시 안전하다. 그러니 지금 이 순간을 즐기자.

두 번째 방법 : 부정 상자 만들기

첫째, 특별히 좋아하는 작은 상자를 하나 골라 그 상자에 이름을 붙여보자.

둘째, 왠지 일어날 것만 같은 모든 부정적인 일들을 메모지에 적는다.

셋째, 그 메모지들을 상자 안에 넣고 매일 정해진 시간에 꺼내본다. 가능한 마음이 다독여지지 않을 때 이 메모지들을 상자에서 꺼내어 내게 일어날 것만 같은 나쁜 일들을 떠올린다.

늘 초조한 당신을 위한 마음 치유 심리학

넷째, 상자에서 메모지를 꺼낼 때 해야 할 일이 하나 더 있다. 휴대전화를 자신의 옆에 두고 5분 타이머를 설정하라. 그리고 생각을 떠올리기 전에 속으로 이렇게 말한다. '일어날지도 모르는 나쁜 일을 나에게 알려줘서 고마워. 너는 나한테 중요한 일이니까 오늘 이 5분은 너를 위해 쓸 거야.'

이 과정을 매일 반복해 보자. 이 방식의 장점은 자신의 일상에 경계를 설정하는 데 있다.

걱정에 할애할 시간과 마음의 휴식을 취할 시간을 명확히 구분하여 두 상태가 서로 섞이지 않도록 관리하는 것이 중요하다. 이렇게 경계를 설정하여 마음을 관리하면 집중력과 일의 효율이 올라가는 것을 스스로 느끼게 될 것이다.

잘 쉬는 것도 올바른 방법이 필요하다. 마음에 쉼을 줄 수 있는 사람만이 삶에 더 잘 몰입할 수 있고, 나 자신에게도 더 많은 활력을 불어넣을 수 있음을 기억하자.

부디 여러분 모두 자신이 가진 에너지를 효과적으로 사용하여 편안하고 즐거운 마음으로 삶을 살아가기를!

초조함이 느껴질 때
이렇게 말해보자!

· 걱정아, 늘 내가 마주해야 할 위험을 알려줘서 고마워.

· 지금의 나는 충분히 문제를 해결할 수 있어.
  그러니 마음의 여유를 가져도 돼!

· 지금 이 순간 5분 만이라도 부드러운 바람을 느끼고 꽃과 풀 내음을 맡
  아봐.

늘 초조한 당신을 위한 마음 치유 심리학

'내려놓음'이
어려운 이유

나를 내려놓는 일은 결코 쉽지 않다. 우리는 평소 엄격한 잣대를 들이대며 자신을 몰아붙이는 것에 익숙해져 있다. 자신을 가혹하게 대하는 것이 '목표'를 위해 노력하고 있는 것이라 생각하기 때문이다. 그 '목표'는 사업일 수도 있고, 인간관계나 어떤 시험의 결과일 수도 있다. 누군가는 다른 사람에게 잘 보이려고, 다른 사람의 인정을 받고자 내키지 않는 일을 자신에게 강요한다.

예를 하나 들어보자. 한 여자가 몹시 피곤한데도 꾹 참고 집안일을 계속한다. 그녀는 남편이 자신이 얼마나 힘든지 알아주고, 그런 자신을 안쓰럽게 생각해 주길 바란다. 그런데 만약 남편이 아내의 의도를 이해하지 못하고 그냥 지나친다면, 그녀는 아주 사소한 일에도 쉽게 폭발하게 될 것이다.

그녀가 억지로 자신을 몰아붙이면서 쌓인 감정들은 결국 한꺼번에 터져 나왔고, 그 화살은 모두 남편을 향했다. 이때 남편들은 대개 당혹스러워하며 '별것도 아닌 일에 너무 심하게 화내는 거 아냐?'라고 반응한다. 하지만 남편의 이런 반응은 아내의 감정을 더 자극하여 상황을 악화시킨다. 갈등이 이 정도로 격해지면, 아내는 자신의 모든 에너지를 완전히 소진하기 전까지는 결코 자신을 내려놓으려 하지 않을 것이다.

나를 내려놓는 것이 왜 어려울까?

우리가 자신을 몰아붙일 때의 상황을 바다 위에서 허우적대는 사람에 비유해 보자.

우리는 마치 곧 익사할 것 같은 느낌에 휩싸여 필사적으로 손을 휘젓는다. 팔이 아프고 저려도 지푸라기 한 가닥이라도 잡겠다는 심정으로 발버둥 치게 된다. 그렇게라도 자신을 몰아붙여야 아직 희망이 남아있다고 느끼기 때문이다. 또 그래야만 최소한 자신이 아직 포기하지 않았다고 생각할 수 있다.

자신에게 엄격하고 가혹한 사람은 대체로 마음속에 큰 두려움

늘 초조한 당신을 위한 마음 치유 심리학

을 감추고 있다. 뒤를 돌면 절벽이 있을 것이라는 생각 때문에 계속 달려야 한다고 생각한다. 그들은 잠시라도 멈추는 것을 허락하지 않으며, 자신에게 다른 선택을 할 기회도 주지 않는다. 두려움과 직접 마주하기보다 불확실한 희망이라도 그것에 매달려 있기가 훨씬 더 쉽다고 생각하기 때문이다.

한편 나를 내려놓을 줄 아는 사람은 앞서 그들과는 전혀 다르다. 이들이 제일 먼저 하는 일은 자기 마음속의 두려움을 직면하는 것이다. 나를 내려놓는다는 것은 자신을 돌아보며 내 마음속의 낭떠러지 즉, 내가 가장 두려워하는 것들과 정면으로 마주하는 것이기 때문이다.

여기서 '내가 가장 두려워하는 것들'의 대부분은 마음속의 공포에서 기인한 것이지 실제로 존재하는 것은 아니다.

하지만 우리는 대체로 마음속의 두려움과 직면하는 것에 서투르다. 그래서 두려움을 피해 수많은 동굴로 찾아 들어간다. 더 노력해야 한다고 자신을 강하게 압박하는 것도 두려움을 피하는 방법 중 하나다.

내면에 두려움이 가득 차 있을 때는 대개 일이 잘 풀리지 않는다. 왜 그럴까? 당신의 내면을 하나의 물컵으로 생각해 보자. 만약 그 컵의 60%가 두려움으로 채워져 있다면, 당신이 쓸 수 있는 에너지는 나머지 40%의 공간에만 존재하게 된다. 이 말은 즉, 마음속의 두려움이 커질수록 당신이 삶에 집중할 수 있는 에너지는 더 줄어들게 된다는 의미다.

내면의 대부분이 두려움으로 차 있고, 남은 조금의 에너지로 추진하니, 일을 성공적으로 마무리할 확률이 현저히 낮아질 수밖에 없다. 더 무서운 것은 다음에 또 실패를 경험하게 되면 그 경험이 당신의 두려움을 더 크게 만든다는 사실이다. 그렇게 되면 당신의 내면에 두려움이 차지하는 공간은 더 커지게 되고, 자신을 지탱해 주는 정신적 에너지는 더욱 줄어들게 된다.

결과적으로 실패가 반복될수록 실패의 확률은 높아지고, 악순환이 계속될 것이다. 좌절감과 두려움은 누적되고 당신의 정신적 에너지는 점점 소진될 것이고, 결국 내면의 모든 에너지가 소진되고 나서야 당신은 비로소 자신을 내려놓게 될 것이다.

내려놓음은 내면을 투영하는 일

우리가 자신을 내려놓기로 결심하는 순간은 종종 인생의 중요한 전환점이 되기도 한다.

이 결정을 통해 우리의 삶은 새로운 활력을 얻게 되고, 우리가 처한 상황이 생각했던 것만큼 두려운 것이 아니라는 것을 알게 된다. 모든 도피처가 사라지고 도망칠 수 있는 모든 출구가 막히면, 끝내 우리는 자신의 내면과 직면하게 된다. 그리고 이 순간은 우리가 자신의 잠재력을 깨닫고 내면의 힘을 이끄는 계기가 되기도 한다.

다양한 해결 방법을 알고 있는 것이 우리에게 도움이 될 때도 있지만, 그렇지 않은 경우도 있다. 일단 다양한 방법을 알면 당면한 문제나 위기 상황에서 즉각적으로 문제를 해결해 일시적으로는 현 상태를 유지할 수 있다. 하지만 일시적인 편안함에 안주하게 되면, 자신의 능력을 시험하고 개발할 수 있는 중요한 순간들을 경험하지 못하게 되어 개인의 잠재력을 발견하기가 어려워진다.

만약 당신이 어떤 문제에 직면했을 때 해결책을 가지고 있다면, 그것은 좋은 일이다. 당신은 기존의 방법으로 문제를 해결할 수 있기 때문이다. 하지만 만약 당신이 어떤 문제에 부딪혔는데 더 이상 기존 방법으로는 해결책이나 도피처를 찾을 수 없어 절망감을 느낀다면 이렇게 말해 주고 싶다.

"축하합니다. 당신은 곧 새로운 인생을 맞이하게 될 것입니다."

두려워하거나 겁내지 말자. 가장 어두운 구름을 뚫고 나가면 내면에 잠재력과 폭발적인 힘으로 가득 찬 당신이 서 있을 것이다. 그리고 이전보다는 더 강인한 내면을 가진 자신을 발견하게 될 것이다. 모든 사람은 성장하기 위해 이 과정을 반드시 거쳐야 한다. 그저 자신의 내면과 직면하기만 하면 된다.

물론 두렵고, 무섭고, 도망치고 싶고, 심지어 죽을 것 같은 마음이 든다는 것도 안다. 이런 감정을 느끼는 것은 지극히 정상이다. 새롭게 거듭나려면 반드시 겪어야 할 고통이기 때문이다. 우리는 이런 경험을 통해서만 고통이 무엇인지, '나'는 무엇인지, '타인'이란 무엇인지, '행복'이란 무엇인지를 진정으로 깨닫고, 나아가 어떤 삶이 내가 정말 원하는 삶인지 알게 된다.

인생이 늘 즐겁고 순탄하기만 한 사람은 내면의 진정한 성장을 경험하기가 어렵다. 좌절하는 가운데 넘어지고, 기쁨과 슬픔, 분노의 감정을 느껴보고, 내 능력의 한계에도 치달아 보아야 이 세상의 많은 일이 내 뜻대로만 흘러가지 않는다는 것을 깨달을 수 있다.

명심하라. 나는 그냥 나일 뿐이다. 나는 신이 아닐뿐더러, 내가 원한다고 다 얻을 수 있는 것도 아니다. 우리는 내가 가진 것(능력, 책임, 역할 등)이 무엇인지, 또 타인이 가진 것이 무엇인지 구분해서 생각하되, 그로 인해 낙담하거나 절망에 빠져서는 안 된다.

늘 초조한 당신을 위한 마음 치유 심리학

'나는 그냥 나일 뿐'이라는 생각은 개인이 이 세상과 나를, 타인과 나를 구분하여 생각하기 시작했음을 의미한다. 그리고 이때부터가 바로 한 사람의 내면의 성숙도가 진정으로 향상되기 시작하는 시점이다.

내면이 성숙해지는 과정

한 사람의 내면이 성숙해지는 단계는 다음과 같다.

1단계 : '나는 원한다, 나는 갈망한다, 나는 모든 것을 이룰 수 있다.' 라고 생각한다.

2단계 : '나는 좌절했다, 왜 그런지 이해가 안 된다, 나는 여전히 여러 가지 노력을 하고 있다.'라고 생각한다.

3단계 : '나는 실패를 받아들인다, 나는 현실을 받아들인다, 나는 이 세상이 내 뜻대로 돌아가지 않는다는 것을 받아들인다. 하지만 나는 내면의 힘이 약하다.'라고 생각한다.

4단계 : '나는 나고, 타인은 타인이다, 나는 이 세상의 법칙을 이해하고 따른다, 나는 나 자신을 돌볼 줄 알고, 타인을 배려하고 감쌀 줄도 안다.'라고 생각한다.

자신에게 가혹한 사람은 대개 1, 2단계에 머물며, 여전히 '나는 해낼 수 있다'라는 생각에 집착한다. 그들은 그동안 해온 방법 또는 이미 익숙한 방법으로 열심히 노력한다. 또한 그들이 갈망하는 것은 대부분 자신이 통제할 수 없는, 타인의 인정, 사랑, 존경, 관심과 같은 외부적인 것들이다.

자신의 내면에서 원하는 것을 타인에게서 얻어야 한다면, 그 사람은 감정적으로 타인에게 크게 의존하게 된다. 자신의 모든 관심이 타인에게 집중되고, 자신의 가치를 판단하는 권한도 타인이 가지고 있기 때문이다. 이런 마인드를 가진 사람은 아무리 성공하고 돈을 많이 벌어도, 마음은 마치 어딘가에 묶여있는 노예처럼 느껴질 수밖에 없다.

이것이 바로 자기 비하 상태다. 자신의 가치를 판단하는 권한을 자신의 손으로 타인에게 넘겨주었기 때문이다.

자신을 내려놓을 줄 아는 사람은 바로 3단계에서 4단계로 성장할 수 있는 사람이다. 자신을 내려놓는 과정 역시 점진적으로 이루어진다. 이런 사람의 내면은 단단하다. 그들은 세상이 자신을 어떻게 판단하든 자신에 대한 강한 믿음과 확신을 가지고 있다.

그들은 '나는 나를 사랑해. 나는 지금의 내가 마음에 들어. 이런 나는 충분히 가치 있고 중요한 사람이야.'라고 생각한다.

이처럼 굳건한 자기 확신은 땅속에 뿌리를 단단히 내리고 하늘을 향해 곧게 자란 큰 나무처럼 우리를 성장하게 만든다. 이런 사람은 덩굴처럼 연약하지 않다.

자신을 내려놓을 줄 아는 사람은 어느 곳에서나 소속감을 느끼며 그들만의 매력과 스타일을 발산한다. 자신을 내려놓으면 노력하지 않아도 자연스럽게 마음이 느긋해진다. 이처럼 우리 마음속에서 걱정과 두려움이 차지하던 공간이 줄어들면, 보다 생산적이고 효율적으로 현재의 문제에 대처할 수 있는 정신적 에너지를 얻게 된다.

이때 우리의 뇌는 더 효율적으로 작동하고, 일을 성공적으로 수행할 수 있다. 또한 그로 인해 자신감이 높아지니 자연스럽게 선순환을 경험하게 된다.

나를 내려놓고, 내 마음의 공간을 건강한 에너지로 채우는 연습을 해 보자. 나 자신이 모든 것의 출발점임을 기억하자. 마음속 공간을 깨끗이 정돈하고 자신의 에너지와 주의를 하나의 방향에 집중한다면, 억지로 노력하지 않아도 자연스럽게 문제의 해결책이 당신 앞에 나타날 것이다.

진정한 내 모습을 되찾고, 나를 편안하게 해 주자. 그리고 나를 내려놓는 법을 배우자. 두려움이 나를 지배하도록 내버려 두지 말자.

퇴근 후 편안한 마음을 갖도록
이렇게 말해 보자!

- 오늘 나는 정말 대단했어.
- 실수해서 마음이 속상했어.
- 오늘 일을 끝내지 못했지만 잠깐 쉬었다 하자.

'자기 부정'이라는
소용돌이에 빠지지 않으려면

자기 부정이 더 무서운 이유

최근 상담에서 만난 많은 이가 자기 부정에 빠져 있었다. 그들은 아직 시작하지도 않았는데 마음속으로는 이미 '난 못해. 내가 할 수 있을 리가 없잖아. 나는 아마 실패할 거야. 나는 너무 멍청해. 나는 말도 잘 못해. 나는 똑똑하지 않아.'라고 되뇐다.

그들은 마음속으로 자신을 압박하고 부정하기 때문에 항상 긴장하고 위축되어 있다.

결국 이런 자기 부정은 현실이 되기 쉬운데, 그 이유는 그들이 제한된 범위 내에서 사고를 반복하는 폐쇄적인 사고에 갇혀 있기 때문이다.

'자기 부정'이라는 소용돌이에 갇힌 폐쇄적 사고

1. 자신에 대한 부정적 인식

일단 '나는 안 돼'라는 자기 부정부터 한다. 시도하는 것조차 두려워한다. 문제에 직면했을 때 과감하게 시도하지 못하고 물러선다.

2. 부정적인 피드백

자기 부정으로 인해 일을 성공적으로 마무리하기가 어려워진다. 그 결과 외부로부터 받는 피드백도 대부분 부정적이다. 예를 들면 일을 망쳐 윗사람으로부터 질책을 받고, 그로 인해 부하 직원들이 자신의 능력을 의심하기 시작하는 등의 일이 발생한다.

3. 자기 부정 강화

타인에게 받은 부정적인 피드백은 자신에 대한 부정적인 인식을 더욱 강화한다. '역시 나는 안 돼. 나는 정말 바보인가 봐. 역시 새로운 것을 시도하는 건 나한테 너무 무리야.'

다음 번 새로운 시도를 할 때 이러한 자기 부정 회로가 다시 발동하게 되면, 앞서 언급한 악순환 과정이 계속 이어진다. 자기 부정에서 시작된 악순환이 무서운 이유는 매번 같은 패턴으로 상황

늘 초조한 당신을 위한 마음 치유 심리학

이 반복되어서가 아니라, 상황이 지속적으로 나빠지기 때문이다.

그렇다면 '지속적으로 나빠진다'는 것은 무엇을 의미할까? 예를 들어보자. 처음에 '나는 안 돼'라는 생각이 40이라면, 마음속에 두려움이 차지하는 크기도 40밖에 되지 않는다. 이때까지는 시도할 수 있는 행동력이 60, 즉 능력을 발휘할 수 있게 해 주는 힘의 크기가 60인 셈이다. 하지만 실패를 경험한 후에는 두려움이 50으로 상승하고, 시도하려는 행동력과 능력을 발휘하는 힘의 크기도 50으로 줄어든다. 시도하는 횟수가 많아질수록 두려움과 '나는 안 돼'라는 생각이 더욱 짙어지고, 행동력과 능력을 발휘하는 힘은 더욱 약해진다.

결국 그 사람은 겁에 질려 아무것도 하지 못하게 되고, 새로운 것을 시도하는 것조차 두려워한다. 설상가상으로 마음속은 부정적인 생각으로 가득 차게 된다. 마치 모든 에너지를 빨아들이는 블랙홀처럼 누가 뭐라고 격려해도 그들은 두려움과 '나는 안 돼'라는 생각에서 벗어나지를 못한다. 결국 그 사람의 인생은 자연스레 내리막길을 걷게 된다.

자기 부정의 소용돌이에 빠지기 쉬운 사람

왜 어떤 이들은 자기 부정의 소용돌이에 쉽게 빠지는 걸까? 그들의 성장 과정을 거슬러 올라가 보면, 어린 시절 부모나 다른 양육자에게서 자주 이런 비난과 꾸중을 들었음을 알 수 있다.

'왜 이렇게 멍청하니? 넌 이것도 못 하니? 대체 할 줄 아는 게 뭐야?'

어쩌면 어른들은 별생각 없이 말했을 수도 있다. 그들 역시 어린 시절 비슷한 말을 듣고 자라며 참고 넘겼을 테니 말이다. 하지만 이런 모진 말은 아이에게 작은 정신적 충격인 '스몰 트라우마'를 안겨줄 수 있다.

'스몰 트라우마'란 무엇일까? 스몰 트라우마를 갖고 있는 사람은 상대의 말 한마디 한마디가 마치 바늘로 콕콕 찌르는 것처럼 아프게 느껴진다. 그런데 이때 상대에게 반발하면, 그 사람은 아마도 이렇게 말할 것이다.

"그냥 웃자고 한 말인데 뭘 그렇게 진지하게 받아들여? 애는 농담을 농담으로 못 받아들이네."

설령 당신이 그 상대에게 "난 네가 그렇게 말하는 거 기분 나빠"라고 말하더라도, 그 사람은 당신이 확대해석하는 것이라고 생각할 수 있다. 그리고 이렇게 말할 것이다.

"네가 잘못한 건 사실이잖아. 말도 못 하게 하다니. 너무 예민한 거 아냐? 싫은 소리는 듣기 싫은가 보네."

한마디로 말을 꺼내자니 싸우게 될 것 같고, 참고 있자니 불편한 상황이 돼 버린다. 이런 상황이 반복되면 주변에서 들리는 말들이 마치 언제든지 나의 자존심과 자신감을 찌를 준비가 되어 있는 바늘처럼 느껴지게 된다. 그로 인해 자부심을 느끼기가 어려워진다. 하지만 그들은 이렇게 잔뜩 풀이 죽은 상태에서도 묵묵히 노력하며, 자신의 실력으로 인정받기를 기대한다.

그런데 앞선 상황들보다 더 끔찍한 사실이 있다. 자신에 대한 부정적인 말을 수천 번 듣게 되면 결국 나조차도 그 말이 사실이라고 믿게 된다는 것이다.

자, 지금부터 자신의 성장 과정을 자세히 들여다본 뒤 생각해 보자. 나를 부정하는 목소리는 어디서 시작되었는가? 그 말은 누구의 입에서 나왔는가? 그들은 내게 어떤 말들을 했는가? 그들은 정말로 나를 그렇게 생각하고 대했는가? 그들의 생각이 반드시 옳은 것인가? 그들은 당신을 공평하고 합리적으로 판단했는가?

위 질문들을 곰곰이 생각해 보면 자신을 부정하는 그들의 주장에는 허점이 있음을 발견하게 될 것이다. 그리고 당신의 삶이 몇몇 사람들의 무지와 편견에서 비롯된 근거 없는 말들에 영향을 받고 있었음을 깨닫게 될 것이다.

다음은 한 의뢰인의 일화다. 그녀는 자신을 예쁘고 똑똑하다고 생각한 적이 한 번도 없다. 그녀가 느끼기에 부모님도 자신보다 동생을 더 좋아하는 것 같았다. 동생이 태어난 후 그녀는 조부모님 집으로 보내져 그곳에서 생활했기 때문이다. 그녀는 성장하는 내내 동생을 부러워했고, 거울을 볼 때마다 자기 자신이 싫어졌다.

성인이 된 후 그녀는 교사가 되었고, 자신을 사랑해 주는 남편도 만났다. 그녀는 부모님에게 많은 것을 제공했고, 부모님이 편찮으실 때는 마다하지 않고 정성껏 간호했다. 그녀는 부모님이 자신의 이런 노력을 인정해 주기를 강하게 바랐다. 하지만 때로는 자신의 무던한 노력에도 부모님에게 공평한 대우를 받지 못하고 있다는 생각이 들었다.

어느 날 그녀는 용기를 내 엄마에게 물었다.

늘 초조한 당신을 위한 마음 치유 심리학

"엄마, 아빠는 왜 한 번도 나를 사랑해 주지 않는 거죠? 왜 동생만 편애하세요?"

엄마는 그녀가 그렇게 생각하고 있을 줄은 전혀 몰랐기에 그 말을 듣고 깜짝 놀랐다.

"엄마는 여태껏 네게 정말 미안했어. 내가 좋은 엄마가 아니라고 생각했거든. 친딸을 곁에 두고 키우지 않았다는 죄책감 때문에 널 볼 때마다 마음이 무거웠어. 다가가고 싶어도 어떻게 다가가야 할지 모르겠더구나. 그래도 우리 딸은 엄마한테 늘 어른스럽고 엄마의 도움 없이도 스스로 알아서 잘하는 아이였단다."

그녀는 엄마의 고백을 듣고 나서 그동안 자신을 짓눌렀던 마음속 응어리가 깨끗하게 풀어지는 느낌이 들었다.

평생 자신의 마음속 응어리나 갈등을 풀지 못하는 사람들이 여전히 많다. 심지어 마음에 담아두었던 문제들이 해결되어도 그 사실을 받아들이지 못하는 이들도 있다. 그 이유는 그들이 자신의 가치가 부정되거나 무시되는 환경에서 생활하는 데 익숙해져 있기 때문이다. 이런 환경에서 자신을 보호하기 위해 그들은 지나치게 자신을 과소평가하고, 경계하는 태도를 취하게 된다. 이러한 행동들은 그들의 일상적인 삶에 깊숙이 뿌리박혀 마치 몸에 밴 것처럼 자연스러워진다. 그러니 이런 습관을 버리는 것이 얼마나 어렵겠는가?

자기 부정의 소용돌이에서 빠져나오는 방법

현재 당신도 자기 부정의 소용돌이에 빠져 있다면, 이 두 가지 방법을 지금 바로 시도해 보자. 일상에서 실천하기 쉽고 간단한 방법이니 꼭 시도해 보길 바란다.

1. 자기 관찰 일기 쓰기

지금 휴대전화를 꺼내 메모장 앱을 켜라. 맨 첫 줄에 쓸 제목은 바로 '자기 관찰 일기'다.

자기 관찰 일기를 작성하는 방법은 매우 간단하다. 일단 매일 머릿속에 떠오르는 생각들을 잘 듣고 기억한다. 그러다 '나는 안 돼, 나는 너무 멍청해, 나는 할 수 없어.'와 같은 비슷한 소리가 다시 머릿속에 울릴 때, 곧바로 메모장을 열어 자기 관찰 일기에 이러한 마음의 소리를 기록한다. 기록을 마친 뒤 자신에게 이렇게 말해 보자.

"이 소리가 내게 또 영향을 주고 있구나."

이 말의 역할은 무엇일까? 이 말은 나 자신이 부정적인 생각에서 서서히 분리되도록 도와줄 것이다. 심리학에서는 이를 '외재화 externalization'라고 부른다. 물론 이 방법의 핵심은 '반복'이다. 의도적으로 여러 번 반복하는 것이 가장 간단하고 효과적인 방법이다. 천천히 습관을 만들어 나가면 그 효과는 자연스럽게 나타날 것이다.

다만 서두르지 마라. 어릴 적부터 지속적으로 부정적인 메시지를 들은 사람은 무의식적으로 자신이 그렇다고 수긍하게 되고, 자신을 판단하는 외부의 평가나 기준이 옳다고 여기기 때문에 단시간에 변화할 수 없다.

지금 당신은 새로운 세계로 향하는 문을 열고 있다. 그러니 이 방법을 계속해서 여러 번 반복하라. 한두 번 시도해 보고 결과를 기대한다면 실망하고 좌절할 수밖에 없다.

2. 생각 전환하기

'자기 관찰 일기'를 작성한 후, 일기에 작성한 내용을 긍정적인 방향으로 전환하는 시도를 해 보자. 생각을 전환하는 방법은 다음과 같다.

나는   이(가) 부족하고,   을(를) 보완할 필요가 있다. 하지만 나는   장점도 가지고 있다.

예시 문장을 만들어 보자.

나는 대인 관계를 유지하는 것이 부족하고, 타인의 마음을 잘 헤아리지 못하는 점을 보완할 필요가 있다. 하지만 나는 내 생각과 감정을 잘 표현할 줄 아는 장점도 가지고 있다.

'난 안 돼. 난 못 해.'라는 생각은 나 자신을 완전히 부정하는 것으로 점차 자신감을 잃게 만든다. 여기서 전환이 필요한 부분은 '나'와 '나의 행동'을 분리하는 것이다. 내가 어떤 일을 잘하지 못한다고 해서 '나는 그 일을 못 하는 사람'으로 생각할 게 아니라, '부족한 점은 보완하면 되고, 내게도 장점은 있다'라고 생각을 전환해야 한다. 자신을 공정하고 합리적으로 평가하고, 성장 가능성을 믿으며 자신을 인정하는 것 역시 의식적으로 반복 연습이 필요하다.

당신이 가진 장점을 소중히 여겨라. 그리고 자기 부정이 자신을 해치게 놔두지 말자. 컴퓨터의 내부 공간을 시시각각 정리하고 업그레이드해야만 컴퓨터의 실행 속도가 빨라지듯이, 우리도 마찬가지다.

늘 초조한 당신을 위한 마음 치유 심리학

내가 자란 가정환경은 나에게 영향을 줄 수 있지만, 내 인생을 결정짓지는 않는다. 서른 살 이전까지는 '부모님이 예전에 이렇게 말하고 행동했기 때문에 내가 이렇게 되었다'라고 말할 수 있겠지만, 30세가 넘어서면 어려움에 부딪혔을 때 스스로 어떻게 개선하고 변화할지 고민해야 한다. 세상에는 다양한 문제 해결 방법이 존재하기 때문이다.

당신의 마음이 열려 있고, 당신의 마음속에 성장의 씨앗이 뿌려졌다면, 이 책의 모든 문장과 단어가 당신에게 힘이 되어 줄 것이고, 나아가 당신의 인생을 바꿔 줄 것이다.

많은 사람이 해낸 것처럼, 당신도 할 수 있다.

자신에 대한 부정적인 생각이 불쑥 떠오를 때, 이렇게 말해 보자!

- 이런 부정적인 생각은 과거의 습관일 뿐, 지금의 나는 달라.

- 나는 항상 잘 해왔고, 나에게는 많은 장점이 있어.

- 봐봐, 이 연습을 할 수 있다는 것 자체가 나는 성장하고 있고, 내가 나를 사랑하고 있다는 증거야.

2장.
내면이 강한 사람의
여유

마음의 여유가 있고 없고의 차이는 내면의 힘이 얼마나 강하냐 약하냐에 따라 달라진다. 그리고 한 사람이 가진 마음의 여유는 그 사람이 어떤 정서적 환경을 가지고 자랐느냐에 따라 달라진다. 건강하지 않은 정서적 환경에서 자란 사람은 종종 남을 비난하는 습관, 강압적인 태도, 약한 모습을 보이지 않으려는 태도, 남에게 잘 보이려는 태도, 회피하는 습관, 억지로 참고 타협하는 태도, 작은 일에도 쉽게 동요하는 태도를 보인다. 이러한 모습 모두 내면의 힘이 부족하다는 증거다.

이번 장에서는 내면의 힘이 부족할 때 나타나는 모습과 그런 모습이 나타나는 이유를 살펴보고, 마음의 여유를 되찾을 방법을 함께 찾아보자.

성장 정서가
마음의 여유를 가능한다

마음이 즐거움으로 가득 찬 사람은 분노나 불만, 긴장, 두려움으로 가득 찬 사람보다 감정을 이완시키는 능력이 훨씬 뛰어나다. 이러한 감정 이완 능력은 어떤 정서를 가지고 자랐느냐에 따라 좌우된다.

사람의 정서는 어떻게 형성되는가?

우리가 어떤 정서를 가지고 자라느냐는 '중요한 타인'과 '내면 아이inner child(무의식 속에 존재하는 어린 시절의 나_역주)'의 영향을 크게 받는다.

늘 초조한 당신을 위한 마음 치유 심리학

1. 중요한 타인

나는 여러 의뢰인에게 이런 이야기를 자주 듣는다. "저희 엄마는 굉장히 불안한 사람이에요. 마음속에 두려움이 가득하고, 매일 정신없이 많은 일을 하세요. 엄마의 그런 모습을 볼 때마다 그 영향이 제게도 미쳤어요. 시간이 지나니 저 역시 조급한 사람이 되었어요. 마음 놓고 푹 쉴 수가 없어요. 늘 해야 할 일이 많게 느껴지고, 할 일이 없으면 하늘이 무너질 것 같은 불안감이 들어요. 이런 내가 싫지만 어느새 저도 모르게 그렇게 변해버렸어요."

사람의 마음은 감정을 담는 그릇과 같다. 당신이 가진 그릇이 밥그릇만 한지 대접만 한지, 아니면 커다란 항아리인지 상대방은 쉽게 알아차린다. 이 그릇의 크기를 결정하는 것을 심리학에서는 '인내의 창window of tolerance'이라고 부른다.

인내의 창의 크기는 감당할 수 있는 감정의 양을 결정한다. 집 안의 전기 회로를 상상해 보자. 전기 회로에 흐르는 전류가 과부하되면 자동으로 차단기가 작동된다.

감정도 마찬가지다. 감당할 수 없는 감정을 겪게 되면, 감정 제어 불능 상태에 빠지게 된다. 이때 이성의 뇌도 제 기능을 하지 않는다. 이성의 뇌와 감정의 뇌는 연결되어 있기 때문이다.

그래서 사람들은 종종 이렇게 말한다.

"화가 나면 머릿속이 텅 비어서 모든 감정을 죄다 쏟아내고 싶은 마음밖에 안 들어요. 하지만 말을 다 내뱉고 난 뒤에는 후회가 밀려와요."

2. 내면 아이(inner child)

내면 아이가 인식하는 자신의 모습은 다음 네 가지 질문에 대한 답과 관련이 있다.

- 나는 능력이 있는 사람인가?
- 나는 가치 있는 사람인가?
- 나는 중요한 사람인가?
- 나는 사랑받는 사람인가?

이 네 가지 질문에 자기 확신에 가까운 대답을 한 사람일수록 내면의 힘이 강하고 긍정적인 정서를 갖고 있는 사람일 확률이 높다.

많은 성인이 부모가 된 후에도 자주 감정 조절에 어려움을 겪어 본능에 따라 행동하곤 한다. 이런 환경에서 자라는 아이는 자신의 감정을 부모에게 이해받지 못할 뿐 아니라, 부모의 감정적 스트레스까지 떠안게 된다. 부모의 감정에 함께 매몰되어 자란 아이는 다음 두 가지 형태의 경향을 보인다.

늘 초조한 당신을 위한 마음 치유 심리학

첫째, 아이가 과거에 부모로 인해 겪었던 불편한 감정 경험에서 벗어나고자 부모와 경계를 설정하고 반항하기 시작한다. 예를 들어 쉽게 짜증을 내거나 과도하게 반항한다. 그리고 다른 사람의 통제를 극도로 두려워하고, 자기중심적인 태도를 보인다.

둘째, 불안한 부모가 불안한 아이를 만들어 내듯 아이는 부모의 감정을 습득하여 그와 같은 방식으로 자신의 감정을 다룬다. 이를 테면 남을 원망하고, 불평을 쏟아내고, 누군가를 지적하거나 공격하는 등 감정 조절이 잘되지 않는 경향을 보인다.

이러한 문제 모두 성장하는 과정에서 감정 그릇을 키우지 못해 어른이 된 후에도 마음이 건강하게 성장하지 못한 결과다.

감정 그릇은 어떻게 키워야 할까?

가족 간 대대로 이어지는 유전 중에서 가장 쉽게 전달되는 것은 바로 감정을 다루는 능력이다. 만약 가족 내에서 감정 그릇이 큰 사람이 없다면, 이는 결국 다른 사람의 감정을 충분히 이해하고 받아들일 능력을 가진 사람이 없는 것이나 다름없다. 결과적으로 그 가족의 모든 구성원의 마음은 불안정할 수밖에 없다.

어떤 일이 발생했을 때 모든 사람의 감정이 한계에 이르게 되면,

대부분 상대가 자신의 감정을 받아주기를 원한다. 그런데 만약 누구도 다른 사람의 감정을 받아줄 수 없는 상태라면 서로를 공격하게 되고, 결국 이 관계에 연결된 모든 사람이 상처투성이가 된다.

따라서 감정이 안정된 사람이 되고 싶다면 지금부터라도 가족 간의 의사소통 방식을 바꾸고, 감정 그릇을 키워야 한다. 감정을 수용하는 능력은 단순히 책을 읽거나 강의를 듣는 등 지식을 습득하는 방식으로 얻을 수 있는 것이 아니다. 이것은 경험을 통해서만 얻을 수 있는 능력으로, 타인과의 상호작용 과정에서 이해받고, 인정받고, 공감받고, 지지받고, 응원받는 경험을 통해 서서히 키워나갈 수 있다.

당신의 내면 아이는 왜 정서적 양분을 얻지 못했나

나이를 먹을수록 우리의 몸은 자라고, 머릿속의 지식은 계속 쌓여간다. 하지만 그 과정에서 우리의 내면 아이는 정서적 양분을 충분히 흡수하며 건강하게 성장했을까?

'정서적 양분'이란 이해받고, 존중받고, 관심받고, 보호받고, 칭찬과 인정, 사랑을 받는 것을 의미한다. 이러한 정서적 경험은 우리의 내면 아이가 성장하는 데 중요한 정신적 영양분 역할을 한다.

지금 한번 생각해 보자. 나는 지금까지 자라면서 이런 정서적 양분을 얼마나 받아왔는가? 또 나 자신에게는 얼마나 주고 있는가? 그리고 나의 자녀와 배우자에게는 얼마나 주고 있는가?

많은 이가 어려서부터 정서적 양분을 충분히 받지 못한 채로 성인이 된다. 그리고 성인이 되어서는 부족한 정서적 양분을 배우자에게서 얻으려고 하고, 그것을 얻기 위해 자신을 희생하고 헌신한다. 그러나 그 과정에서 계속 자기 자신을 돌보지 않게 되고, 배우자가 자신이 원하는 만큼의 정서적 양분을 주지 못할 수도 있다.

이러한 부모 밑에서 자란 아이들은 그들의 부모와 마찬가지로 정서적 양분을 받지 못하고 자라게 되니, 성인이 되어서도 불안한 정서를 가지고 살아가게 된다. 그들 역시 누군가에게서 정서적 양분을 얻으려고 노력하지만 그럴수록 상황은 악화되기만 한다. 노력의 방향이 잘못되었기 때문이다.

자아개념은 어떤 방식으로 자신을 가둘까?

정서적 양분을 충분히 받지 못한 사람의 마음속에는 보이지 않는 매듭이 점차 형성된다. 심리학에서는 이를 '자아개념(self-concept'이라고 부르며, '나는   다'라고 표현된다.

예를 들어 어떤 이들은 자신에 대해 '나는 중요한 사람이 아니다', '나는 모자란 사람이다', '나는 능력이 부족한 사람이다', '나는 사랑받을 가치가 없는 사람이다' 등의 자아개념을 형성한다. 이러한 자아개념은 삶의 많은 부분에 영향을 미친다. 이것이 바로 마음속에 심어둔 '자기 신념'이다. 따라서 당신이 자신에 대한 부정적인 신념을 바꾸지 않으면, 마치 미로에서 길을 잃은 것처럼 계속 그 안에서 방황하게 될 것이다.

예를 들어보자. 남아 선호 사상이 강한 집에서 태어난 한 소녀가 있다. 그녀는 어릴 때부터 자신은 부모의 관심 밖에 있는 사람이라고 느꼈다. 열심히 노력해야만 어쩌다 한번 부모의 관심을 받을 수 있었다. 시간이 지나면서 그녀 자신도 점점 '역시 나는 별로 중요하지 않은 사람이야'라고 생각하게 되었다.

그녀는 성인이 된 후 자신을 좋아하는 한 남자를 만나게 되었다. 하지만 그녀의 내면에 자리 잡은 부정적인 자아개념은 그녀를 혼란스럽게 했다. 그녀는 자신을 좋아하는 상대의 마음이 진실이기를 갈망하면서도, 또 한편으로는 그 마음이 일시적인 감정일까 봐 두려웠다.

교제를 시작한 후에도 그녀는 상대가 자신을 좋아하는 게 맞는지 계속해서 시험했다. 의도적으로 투정을 부린 뒤 상대가 어떻게 반응하는지 살펴본다거나, 혹은 사람들이 모인 자리에서 일부러 멀리 떨어져 앉은 뒤 상대가 그런 자신을 신경 쓰고 있는지 지켜봤다.

상대방이 자신의 기대대로 행동하면 그 당시는 행복하고 기뻤다. 그러나 마음 한편에는 상대를 다시 시험해 보고 싶은 욕구가 남아 있었다. 그러다 상대가 그녀의 기대와 다르게 행동하면 그녀는 다시 부정적인 감정으로 돌아갔다. 그리고 '역시 나는 중요한 사람이 아닌가 봐. 나를 진심으로 좋아해 주는 사람은 아무도 없어.'라고 생각하며 실망했다.

그녀는 자신이 상황을 점점 나쁘게 만들고 있다는 것을 깨닫지 못했으며, 상대방의 감정이나 생각 역시 헤아리지 못했다. 그녀의 눈에 보이는 것은 오직 자신의 두려움뿐이었다. 결국 그녀는 자기 충족적 예언Self-Fulfilling Prophecy에 따라 '잘 안될 줄 알았어. 역시 그 사람은 나를 좋아하는 게 아니었어.'라고 생각하게 되었다.

이것이 바로 우리가 자신에게 심어주는 '자기 신념'이다. 자기 신념은 우리의 행동을 이끌고, 그 행동은 상황을 이끌어간다. 그런데 이런 자기 신념을 인식하지 못한다면, 자기 신념이 자신의 현실을 만들어 나간다는 것을 모른 채, 그저 '이게 내 운명이구나'라고 생각하며 상황이 흘러가는 대로 받아들이게 된다.

자신에 대한 긍정적인 생각, 즉 긍정적인 자아개념이 내면에 자리 잡아야 긍정적인 감정을 경험하고 발산할 수 있다. 이런 사람은 마치 작은 태양처럼 주변에 긍정적인 에너지와 행복한 기운을 발산할 수 있다. 당신의 삶이 편안하고 즐거워지면 주변의 사람들도 당신에게 가까이 다가가고 싶을 것이다. 따라서 우리는 자신이 가지고 있는 자아개념을 발견하고, 이를 긍정적이고 건강한 방향으로 발전시켜야 한다. 성인이라면 누구나 이 과정을 거쳐야 한다.

진정한 마음의 여유는 감정 그릇의 크기와 내면 아이가 가지고 있는 긍정적인 힘에서 만들어 진다. 당신의 내면이 달라지면, 당신의 말과 행동에서 저절로 느긋함과 여유가 묻어나오게 될 것이다.

홀가분한 마음으로 이끄는 주문

마음이 긴장될 때, 이렇게 말해 보자!

· 내가 느끼는 다양한 감정을 부정하지 말고 자연스럽게 받아들이자.
· 강물의 흐름처럼 자연스럽게 나에게 일어나는 모든 것을 받아들이자.
· 모든 사건과 현상은 자연의 흐름 안에서 발생하는 거야. 그런 의미에서 나 자신도 자연의 일부야.

습관적인 뒷담화의
이유

습관적으로 남을 비난하는 사람의
속사정, 소심한 겁쟁이

습관적으로 남을 비난하는 사람은 겉으로는 강해 보이나, 속으로는 연약하고 쉽게 상처받는 마음을 감추고 있을 때가 많다. 그들이 극도의 분노를 표출하며 언성을 높일 때가 있는데, 대체로 자신이 상처받았거나, 무시당하거나, 소외되었다고 느낄 때 이런 상황이 일어난다.

그들은 지적과 비난이라는 습관적인 방법 외에는 어떻게 표현해야 할지 모른다. 하지만 이런 행동은 주로 나쁜 결과를 낳으며, 주변 사람을 점점 우울하고 긴장되게 만든다. 이런 사람들은 언제 터질지 모르는 '시한폭탄'처럼 느껴져 주변 사람에게 불안감을 준다.

그들이 감정을 주체하지 못하고 내뱉는 말들은 하나 같이 상대방의 가장 아픈 부분을 찌른다. 그래서 그들의 주변 사람은 상처받지 않기 위해 그들에게서 멀어지려고 한다.

이것이 바로 습관적으로 남을 비난하는 사람이 겪는 비극이다. 그들은 상대보다 더 많이 헌신하고, 더 많이 사랑을 주고, 더 많은 감정을 쏟아붓지만, 결국 주변 사람의 마음을 다치게 만들고 자신으로부터 멀어지게 만든다.

습관적으로 남을 비난하는 사람은 대개 자신이 짊어져야 하는 책임을 감당할 만큼 내면이 강하지 못하다. 그들은 자신이 부족한 사람이라고 느끼기 때문에 상대방이 자신을 좋아하지 않을까 봐, 상대방에게 인정받지 못하거나 관심받지 못할까 봐 두려워한다. 이러한 두려움 때문에 문제가 생길 때마다 책임을 전가하고 남을 탓함으로써 자신을 보호하는 방식을 택한다.

비난 뒤에 숨겨진 진심, '내 마음을 알아줘'

자기 주장과 통제욕이 강하며, 습관적으로 남을 비난하는 사람의 속마음은 이렇다.

'난 너를 이렇게나 생각하는데, 다 네가 잘되라고 그러는 거야.

근데 왜 내 마음을 몰라주니? 너는 내가 널 비난한다고만 생각하겠지. 하지만 이게 바로 내 표현 방식이야. 네가 정말로 날 사랑한다면 내 진심을 알아차려야지. 왜 좀 더 노력하지 않는 거니? 문제가 있는 사람은 너라고!'

그들은 자신이 비난하고 있다는 사실을 인식하지 못한다. 그들의 논리에서 상대는 언제나 노력이 부족하고, 성과가 부족하고, 헌신이 부족한 사람이다. 반면 자신은 다른 사람보다 더 많이 노력하고, 더 많은 것을 희생하며, 결코 포기하지 않는 사람이라고 믿는다.

'노력은 나 혼자만 하고 있는데, 너무 지쳐서 더는 버티지 못할 것 같아. 그런데 너는 아직도 문제의 심각성을 깨닫지 못하고 있어. 그래서 너도 나처럼 노력해야 한다는 걸 알려주기 위해 너를 계속 비난하고, 채찍질하고, 상기시켜주고 있는 거야. 이 모든 게 얼마나 힘든지 피하지 말고 겪어봐. 그리고 내가 얼마나 많이 애쓰고 힘들어했는지 알아주고, 그런 나를 안쓰럽게 생각해 주고 아껴줬으면 좋겠어.'

이것이 바로 그들의 솔직한 속마음이다.

습관적으로 남을 비난하는 사람은 자신의 방법에 문제가 있다는 것은 깨닫지 못하고, 모든 초점을 상대가 무엇을 했는지에 둔다. 그들은 상대방의 상황이나 배경은 무시하고, 극단적으로 결론을 내리려는 경향이 있다. 이를테면 '네가 나를 사랑한다면 나를 이해해야 해'라거나, '네가 나를 사랑한다면 나를 달래줘'라고 강요한다.

실제로 그들이 찾는 이상적인 상대는 '어떤 상황에서도 나를 사랑해 줄 사람'으로, 모든 시련을 함께 극복하며 감동적인 사랑을 만들어 갈 관계를 갈망한다. 그들은 이런 관계를 통해 자신이 '사랑받을 가치가 있는 사람', '상대방에게 중요한 존재'라는 것을 느끼고자 한다.

습관적으로 남을 비난하는 사람은 부정적인 사고 패턴을 가지고 있다. 만약 이러한 패턴을 적시에 인식하고 바꾸지 않는다면, 타인과의 관계에서 반복적으로 갈등과 문제가 발생할 수 있다. 그들의 사고 패턴을 다음과 같이 그림으로 정리했다. 각 사고 과정을 명확히 파악하면, 부정적인 사고 패턴을 깨뜨리는 방법을 찾을 수 있을 것이다.

늘 초조한 당신을 위한 마음 치유 심리학

습관적으로 남을 비난하는 사람의 부정적인 사고 패턴

자기 인식 : 자신이 모자라 실수를 해서 호되게 혼날 것이라 생각한다. 이로 인해 사람들도 진심으로 자신을 좋아하지 않을 것이라 여긴다

행동 전략 : 상대에게 변화를 요구하는 동시에 자신도 나아지려고 노력한다

행동 결과 : 압박을 느낀 상대가 내가 원하는 대로 맞춰주거나, 내 요구를 거부 또는 회피한다

자기 해석 : '역시 상대방은 진심으로 날 좋아하는 게 아니었어. 아무도 내 마음을 몰라줘.'라고 생각한다

내면에서 느끼는 감정 : 자신이 모자란 사람인 것 같아 두려워지고 상대가 자신에게 무심한 것에 화가 나 더 모진 말로 상대를 비난한다

습관적으로 남을 비난하는 사람이 원하는 관계

습관적으로 남을 비난하는 사람이 원하는 것은 사랑을 주고받는 연인 관계가 아니라 보호받고 의존할 수 있는 부모와 자식 같은 관계다. 이들은 감정을 타인과 나누며 성장하는 것이 아니라, 자신의 불안에 집중하며 자신을 고립시킨다. 그러나 건강한 연인 관계는

정서적으로 안정되고 자신의 삶에 만족감을 느끼는 두 사람이 서로의 개별성을 존중하며 서로가 서로에게 잘 어우러지는 관계다.

습관적으로 남을 비난하는 사람은 마음속에 완벽한 부모의 이미지를 가지고 있으며, 배우자에게 그 기준에 맞춰 변화할 것을 강요한다. 그들은 상대방의 상황이나 입장을 헤아리거나 이해하지 못한다. 그들이 상대방을 위해 노력하고 헌신하는 것도, 상대방에게 기대하고 상처받는 것도 모두 그들의 진심이다. 그런데 그 진심이 헤아리지 못하는 유일한 것이 바로 상대방의 마음이다. 그들은 자신만의 세계에 사느라 다른 사람의 감정을 헤아리지 못하면서 상대방의 사소한 말 한마디, 행동 하나에 크게 상처받는다.

결혼도, 관계도 당신이 어떤 마음을 가지고 임하느냐에 따라 달라진다. 당신이 어떤 마음으로, 어떤 인식을 가지고 있느냐에 따라 당신이 보는 사람, 만나는 관계, 겪게 되는 일이 결정된다.

만약 평소에 자주 '그 사람은 왜 변하지 않을까?'라는 생각이 든다면, 이는 당신의 시각이 좁고 편향되었다는 신호일 수 있다. 따뜻한 집 안에서 뜨거운 차를 마시면서 창밖의 폭풍우 속에서 떨고 있는 사람을 보며 '왜 추운 날씨에 담요도 안 덮고, 집에 빨리 가지 않는 거지?'라고 생각하는 것과 비슷하다. 당신이 보지 못하고 있는 것은 바로 그 사람의 다친 다리와 텅 빈 지갑이다.

늘 초조한 당신을 위한 마음 치유 심리학

외모나 행동처럼 겉으로 드러나는 것은 눈에 잘 띄지만, 감정이나 생각처럼 내면의 것들은 보통 드러나지 않으며 감춰지기 쉽다. 따라서 열린 마음으로 차분하게 상대방의 진심에 다가가 보자. 그 마음이 전달될 때 상대도 자신의 마음을 열 것이다. 진실한 대화와 교류를 통해서만 우리는 서로를 더 잘 이해할 수 있고, 진정으로 소중한 사랑을 나눌 수 있다는 것을 기억하자.

부정적 사고의 순환을 끊어내는 방법

일반적으로 대부분의 사람은 자기 자신이 싫을 때, 자신이 하찮게 보일 때, 자신의 단점을 인정하기 어려울 때, 다른 이들도 자신을 좋아하지 않는다고 느끼는 경향이 있다. 이런 자기 부정은 쉽게 사라지지 않는다. 그래서 다른 사람이 이 부분을 조금만 건드려도 민감하게 반응한다.

습관적으로 남을 비난하는 사람이 부정적인 사고 패턴에서 벗어나려면 다음 세 가지 질문을 자문해 봐야 한다.

1. 나는　　　　　　(어떤 행동 혹은 어떤 말)을(를) 할 때,　　　　을(를) 원하고,　　　　을(를) 받고 싶다.

2. 내가 ░░░░ (어떻게) 할 때, 상대방은 ░░░░ (긴장되는, 압박받

는, 두려운, 편안한, 즐거운 등) 기분이 들까?

3. 내가 ░░░░ (어떻게) 할 때, 상대방은 아마도 ░░░░ (내가 그를

무시한다, 내가 그를 존중하지 않는다, 내가 그를 사랑하지 않는다, 내가

그를 하찮게 여긴다, 내가 그의 도움이 필요하다, 내가 상처받았다)라고

생각할 것이다.

이 세 가지 질문을 자신에게 던진 뒤, 만약 당신의 행동이 기대

했던 결과를 끌어내지 못했다면 일단 행동을 멈추고 상황을 악화

시킬 수 있는 새로운 문제를 만들지 않도록 해야 한다. 그런 뒤 당

신이 어떻게 해야 할지는 다음 장에서 알려주겠다.

홀가분한 마음으로 이끄는 주문

비난받고 있다는 느낌이 들 때,
이렇게 말해 보자!

· 상대가 나를 비난한다고 해서 내가 부족하다는 의미는 아니야. 그 사람
은 자신이 원하는 것을 제대로 표현할 줄 몰라서 비난하는 방식으로 말
하는 거야.

· 나는 여전히 내가 좋아. 마음의 여유를 가져도 돼.

· 나의 모든 것을 받아들이자. 내가 가진 모든 장단점은 나만의 특징이야.

자기주장이 강한 사람이
숨기고 있는 불안감과 두려움

자기주장과 통제욕이 강한 사람은 대체로 불안감과 두려움을 많이 느낀다. 이들은 자신을 제어하기가 어려워서 내가 아닌 다른 사람 혹은 주변 상황을 통제하려고 한다. 그리고 이와 같은 방식으로 자기 내면의 불편한 감정들을 피하려고 한다. 이처럼 내 안의 불안하고 두려운 감정을 처리하지 못할 경우, 어떻게든 다른 사람과 주변 상황만 강하게 통제하게 된다.

불안감과 두려움은 어떻게 생기는 걸까?

내게 상담을 받았던 한 50대 여성의 이야기다. 그녀는 집안의 장녀로, 어릴 때부터 부모님의 기대를 받으며 자랐다. 그녀는 동생들에게 좋은 본보기가 되어야 했다. 그래서 열심히 집안일을 도맡아 했고, 부모님께 부담을 주지 않기 위해 원하는 것이 있어도 말하지 않고 꾹 참았다.

하지만 부모의 기대는 그녀를 막다른 골목으로 몰았다. 그녀는 부모님의 칭찬을 받아도 기쁘지 않았다. 칭찬을 받는 것은 그녀가 연기하는 '좋은 언니, 모범이 되는 언니'의 모습일 뿐, 진짜 자신의 모습이 아니기 때문이다. 또한 칭찬을 받지 못했을 때는 자신을 '아직 많이 부족하다'고 여겼다.

칭찬을 받든 안 받든, 그녀의 마음속 깊은 곳에서는 항상 자신에 대한 의심이 자리 잡고 있었다. '나는 괜찮은 사람일까?', '나는 사랑받을 자격이 있을까?'와 같은 질문이 그녀를 괴롭혔다. 마음 한구석에 깊숙이 숨겨진 그녀의 진짜 모습은 마치 옷장 구석에 처박아 놓은 오래된 옷처럼 꺼내볼 일이 거의 없었다. 이미 마음속으로 자신을 '부족한 사람'이라고 확신한 그녀는 진짜 자신의 모습을 드러내기가 두려워졌다.

이런 사람들은 성장 과정에서 특정 목표나 기대에 부응하거나 일정한 조건을 갖춰야만 사랑 받고 자신의 가치를 증명할 수 있다고 믿으며 자란다. 심리학에서는 이 현상을 '가치의 조건화'라고 부른다.

예를 들면 '문제를 해결할 줄 알아야 유능한 사람이 될 수 있다',

늘 초조한 당신을 위한 마음 치유 심리학

'어른스럽게 행동하고 부모님 말씀을 잘 따라야 진정한 효자다', '예쁘게 생겨야 사람들이 좋아한다', '공부를 잘하고 돈을 많이 벌어야 사랑받을 수 있다'와 같은 생각이 바로 가치의 조건화의 예다.

이 같은 사고방식은 개인의 기능적인 가치, 즉 성과와 생산성을 지나치게 강조하면서 그 사람의 본질적인 가치를 무시한다. 이런 가치 판단 기준이 내면에 깊이 각인되면, 두려움의 씨앗이 마음속에서 자라기 시작한다. 그 결과 자신이 특정 기준에 도달하지 못하면 마치 지옥에 떨어진 것 같은 큰 공포를 경험하고, 누군가에게 밟히거나 버림받을 것 같은 두려움에 시달리게 된다. 이러한 지속적인 두려움으로 인해 일상은 마치 살얼음판을 걷는 것 같고, 마음속은 불안감과 두려움으로 가득 차게 된다.

'가치의 조건화' 속에서 자란 사람의 모습

사람을 하나의 커다란 나무에 비유해 보자면, 가치의 조건화는 나무의 뿌리를 썩게 하고 나뭇잎을 시들게 한다. 이 나무에서 자라난 열매는 통제적이고 강압적인 성향을 띠며, 충분히 여물지 못한 열매는 내부가 공허할 수밖에 없다. 이런 내면의 빈곤은 결국 주변 환경이나 타인에 대한 통제 욕구로 나타난다.

반면 가치의 조건화의 정반대는 '온전한 수용과 사랑'이다.

'네가 누구이든, 무엇을 할 수 있든, 어떤 재능을 가지고 있든 상관없이 너는 사랑받을 자격이 있는 유일무이한 존재야. 사람들은 너의 있는 그대로의 모습을 원하며, 그 모습을 함께 나누기를 원해.'

이러한 생각이 바로 온전한 자기 수용과 사랑이다.

내면의 힘이 충만한 부모일수록 자녀를 있는 그대로 사랑하고 수용할 수 있다. 이런 부모 아래에서 자란 아이는 자신을 믿고 소중히 여기며, 넘어져도 다시 일어날 힘을 갖게 된다.

성인이 된 이들은 활동적이고 낙관적인 성격 덕분에 타인과의 관계가 대체로 원만하다. 일할 때도 유연하고 개방적인 태도로 다른 사람의 의견을 경청하기 때문에 협상의 여지가 더 많아진다. 또한 이들은 타인과의 상호작용 중에 자신의 자존심이 상할까 걱정하지 않는다.

자녀가 있는 부모라면 이 장을 주의 깊게 읽고 곰곰이 생각해 보길 바란다.

나는 지금 아이에게 어떤 종류의 사랑을 주고 있는가? 가치의 조건화가 전제된 사랑인가, 아니면 아이를 있는 그대로를 받아들이는 사랑인가? 아이의 반응은 내가 예상했던 것과 일치하는가?

늘 초조한 당신을 위한 마음 치유 심리학

'가치의 조건화'의 사고방식에서 벗어나라

만약 당신이 '가치의 조건화'가 전제된 환경에서 자란 어른이라면, 당신의 마음속 깊은 곳에는 한 가지 믿음이 자리 잡고 있을 것이다.

나는   (반드시 해내야 한다고 생각하는 일)을(를) 해야만

          (마음속으로 갈망해 오던 것, 예를 들면 사랑받는 것, 관심받는

것, 대접받는 것 등)을(를) 할 수 있다.

당신이 마음속 깊은 곳에 자리 잡은 이 믿음을 발견했다면, 축하한다. 당신은 이미 '가치의 조건화'라는 사고방식에서 한 걸음 벗어난 것이다.

지금부터는 매일 30분씩 실천할 두 가지 방법을 소개하겠다. 이를 3주 동안 지속하면 변화를 경험할 수 있을 것이다.

1. '단점'을 새롭게 인식하라

자기주장이 강하고 통제욕이 있다고 생각하는 당신은 이런 성향을 가진 자신을 싫어한다. 하지만 이런 특성은 쉽게 바뀌지 않는다. 이 '단점'들은 수십 년을 당신과 함께 성장해 왔기 때문이다. 이제 당신은 이 단점들을 없애려고 한다. 그런데 심장을 도려내는 것

만큼이나 불가능하게 느껴진다.

그렇다면 단점을 새롭게 인식해 보자. '이것은 나의 단점이 아니라, 어려운 환경에서 내가 내릴 수밖에 없던 선택이자 살아남을 수 있는 유일한 선택이었다.'

사막에 사는 선인장의 잎이 가시처럼 뾰족한 이유는 수분 손실을 줄이기 위함이다. 그런데 만약 어느 날 이 선인장을 열대우림으로 옮겨 심으면 어떻게 될까? 넓은 잎을 가진 활엽수들이 선인장의 가시가 주변 식물들을 따갑게 찌른다며 비난한다면, 선인장은 가시를 부끄러워하며 이를 자신의 단점으로 여겨야 할까? 결코 그렇지 않다. 선인장은 일단 자신의 가시를 싫어하기 전에, 그런 특징 덕분에 사막과 같은 환경에서 살아남을 수 있었다는 것에 감사해야 한다.

지금 당신이 해야 할 첫 번째 일은 종이에 자신의 '단점 리스트'를 적는 것이다. 단점을 모두 적은 뒤, 각 단점에 대해 다음 세 가지 질문을 던져보자.

- 이 단점은 내게 어떤 도움이 되었는가?
- 이 단점 덕분에 나는 어떤 문제를 피할 수 있었는가?
- 이 단점으로 인해 나는 어떤 대가를 치렀는가?

늘 초조한 당신을 위한 마음 치유 심리학

당신의 단점이라고 생각하는 특성들은 실제로 특정 순간에 당신을 보호해 준 것들이다. 큰 나무의 뿌리를 파내듯 단점이라고 생각했던 특성들을 여러 각도에서 자세히 살펴보고 탐구해 보길 바란다. 깊이 탐구할수록 이러한 특성과의 연결이 약해지며, 결국은 당신 자신으로부터 이를 분리할 수 있게 될 것이다.

2. 단점을 인식하고 고마워하기

배척하고 밀어내는 것은 결국 남게 되고, 받아들이고 허용하는 것은 강물처럼 왔다 갔다 한다. 만약 당신이 자신의 어떤 특성을 싫어한다면, 그 특성은 계속 당신과 함께할 것이다. 당신이 그 특성을 전혀 존중하고 허용하지 않았기 때문이다.

자신을 하나의 그릇으로 여기고 자신에게 생기는 모든 상황과 감정, 특성들을 자연스럽게 받아들이자. 당신은 다양한 특성을 지닐 수 있지만, 단 하나의 특성으로는 정의될 수 없다. 어떠한 특성도 한 사람의 전체적인 존재나 인생을 완전히 대변할 수 없기 때문이다. 당신이 가진 가능성은 대양처럼 광활하고 무한하며, 그 어떤 것도 당신의 웅장한 파도, 즉 당신의 성장을 막을 수 없다.

그러므로 가치의 조건화에 따라 형성된 모든 생각과 행동을 인식하고, 그것에 감사하는 법을 배워야 한다. 이 과정이 바로 자신을 이해하고 수용하는 과정이다.

그렇다면 그것을 어떻게 인식하고 고마워해야 할까? 다음 두 문장을 읽어 보자.

"▨▨▨▨ (예를 들어 자기주장과 통제욕이 강한)한 내 특성이 또 나를 도와주러 왔구나. 나를 항상 보호해 주고 도와줘서 고마워. 너를 사랑해. 앞으로도 함께하자."

"나는 이제 성장했어. 날 보호하고 도울 수 있어. 내가   (새로운 행동 추가)을(를) 시도해 볼 수 있도록 기회를 줘."

위 문장에서 제시하는 '새로운 행동'이란 명확하고 구체적이어야 하며, 자신의 특성과 반대되는 행동이어야 한다. 예를 들어 '통제욕이 강하다'의 반대는 '타인의 말에 귀 기울이는 태도'이며, '주변의 눈치를 보고 신경 쓰는 태도'의 반대는 '자신을 사랑하고 자신에게 관심을 기울이는 것'이다.

내면이 성숙한 사람은 마음의 여유를 가지고 일한다. 또한 정해진 꼬리표에 자신을 구속하지 않으며 그 꼬리표 때문에 자신을 경멸하지도 않는다. 그들은 자신을 공정하고 합리적으로 평가하며, 자신이 어디서 왔고 어디로 가야 하는지를 알고 있다. 이는 자신의 감정, 생각, 욕구 등을 명확하게 이해하고, 그런 자신의 모든 장점

늘 초조한 당신을 위한 마음 치유 심리학

과 단점을 너그럽게 수용할 수 있는 사람만이 할 수 있는 일이다.

지금 당신은 다양한 경험과 감정, 사고방식을 보다 유연하게 받아들일 수 있는 열린 마음을 만들어 가고 있는 중이다. 스스로 변화하고자 하는 의지가 중요하다. 지금부터 시작해도 결코 늦지 않다. 당신의 내면에 자기 수용과 자기 사랑으로 가득 찰지, 아니면 두려움과 불안감으로 채워질지는 전적으로 당신의 선택에 달려있다.

홀가분한 마음으로 이끄는 주문

내 생각을 강하게 주장하고 싶어질 때, 이렇게 말해 보자!

내 생각을 적극적으로 표현하고 싶은 의지가 느껴져. 나한테 이런 에너지가 있어서 좋아.

이러한 의지와 욕구는 나를 움직이게 하는 힘이야.

내가 가진 이 힘을 소중하게 생각하고 잘 활용해야지.

마음속에 얼마나 많은 분노를 숨기고 있는가?

사람은 튼튼한 두 다리가 필요하다

사람은 누구나 성장하는 과정에서 두 가지를 배워야 한다. 그중 하나는 '자신의 욕구와 필요를 충족시키는 것'이며, 나머지 하나는 '다른 사람의 욕구와 필요를 충족시키는 것'이다. 이 두 가지는 사람이 걷기 위해 두 다리가 필요한 것과 같은 이치로, 둘 중 어느 것 하나도 없어서는 안 된다.

자신의 욕구와 필요만을 채우는 사람은 대개 이기적으로 보일 수 있다. 반면 다른 사람의 욕구와 필요만을 고려하는 사람은 점점 비참하고 억울한 감정이 쌓여 결국 폭발하고 만다. 이 둘 사이의 균형을 잘 찾는 사람이 바로 진정으로 높은 사회성과 성숙한 내면

　　　　　　　　늘 초조한 당신을 위한 마음 치유 심리학

을 갖춘 사람이다. 하지만 그 균형을 찾기란 결코 쉽지 않다.

대다수의 문제는 자신의 욕구와 필요를 충족시킬 줄 모른다는 것이다. 우리는 지금껏 이타적인 사람이 되어야 한다는 교육을 받으며 자랐다. 욕심 없고, 남을 잘 돕고, 거절하지 않는 사람이 좋은 사람으로 여겨지고, 그런 사람만이 칭찬받는다고 생각해 왔다.

그 결과 우리는 어릴 때부터 나와 타인 사이의 적절한 경계를 만드는 법과 거절하는 법을 배우지 못했다. 많은 이가 겉으로는 털털하고 관대해 보이지만, 실제로는 약해 보이지 않으려고 노력하고, 하고 싶은 말도 주저하는 경우가 많다. 그러나 내면에 산처럼 쌓여 있는 분노는 언젠가 결국 터지고 말 것이다.

자신을 중요하게 생각하지 않는 것이 문제의 시작이다

이런 사람들은 언제나 자기 자신을 중요하게 여기지 않고, 어떤 상황에서도 항상 자신을 마지막에 생각한다. 타인의 이익과 충돌하는 상황에서도 매번 타협하고 양보한다. 어려움을 겪을 때도 도움을 청하거나 속마음을 쉽게 털어놓지 못하는데, 이는 다른 사람이 자신의 상황을 중요하게 여기지 않을 것이라는 생각 때문이다. 이러한 깊은 불신과 두려움은 대부분 그들의 성장 과정에서 겪는 경험에서 비롯된다.

다음은 한 여성 의뢰인의 일화다. 그녀는 친구들의 일이라면 엄마처럼 나서서 도왔다. 하지만 정작 자신이 이혼 소송 중일 때는 친구를 단 한 명도 만나지 않았는데, 그 이유는 다양했다. "다들 자기 가족이 있는데 내 일에 신경 쓸 여유가 어디 있겠어. 말해봐야 일이 해결되는 것도 아닌데 뭘. 괜히 다른 사람에게 부담 주고 싶지 않아" 등 여러 가지 이유를 둘러댔다. 그러나 그녀가 주변 사람들을 찾지 않은 진짜 이유는 다른 사람이 자신의 상황을 진심으로 걱정하고 공감해 주리라 믿지 못했기 때문이었다.

참으로 가혹한 현실이 아닐 수 없다. 자신이 필요한 것을 말하기 힘들어하고, 약해 보이지 않으려고 애쓰는 이들은 어릴 때 충분한 사랑을 받지 못하고 자랐거나, 용기 내어 도움을 청했을 때마다 무시나 비난당한 경험이 있는 사람이다. 그들은 이런 결과를 반복해서 겪지 않기 위해 점점 자신의 상처를 드러내지 않게 된다. 그리고 다른 사람이 다가오지 못하게 갑옷으로 무장하고 날카로운 창으로 타인을 겨냥한다.

늘 초조한 당신을 위한 마음 치유 심리학

타인에 대한 배려와 친절, 관대한 모습, 심지어 억울한 감정을 참고 견디는 것까지도 그들에게는 자신을 지키는 갑옷과 같다. 그러므로 우리는 그들의 진짜 모습을 단 한 번도 보지 못했을 가능성이 높다. 심지어 그들 자신조차 진짜 자신의 모습을 잊어버렸을지도 모른다. 결국 진짜 자신을 잃어버린 그들이 보여 줄 수 있는 것은 방어적인 태도 뒤에 숨어있는 모습뿐이다.

만약 당신도 이런 사람이라면 남이 나를 어떻게 대하는지 신경 쓰지 마라. 지금 당신이 제일 먼저 해야 할 일은 나 자신을 중요하게 여기는 것이다.

과거의 경험은 대체로 우리의 생각과 감정, 태도를 형성하고, 이러한 내면의 상태는 주변 사람이 우리를 대하는 태도에 영향을 미친다. 즉, 내가 나를 어떻게 정의하느냐에 따라 나의 미래가 달라질 수 있다. 만약 당신이 자신의 마음을 쓰레기장으로 취급한다면, 남들도 당신을 감정 쓰레기통으로 생각할 것이다. 하지만 당신이 자신을 귀하게 여긴다면, 자신을 대할 때나 타인을 대할 때나 일관된 태도를 갖추게 될 것이다.

모든 변화는 나 자신부터 시작해야 한다. 그렇지 않고서는 아무도 나를 도와줄 수 없다.

나 자신을 중요하게 여기기

오랜 시간 자신을 중요하게 생각하지 않는 사람에게 자신을 소중히 여기는 일은 결코 쉬운 일이 아니다. 어떤 행동이 습관이 되면 그것을 의식하지 않고 자동으로 반응하기 때문이다. 이렇게 자동으로 반응하게 되는 무수한 행동들이 쌓여 결국 그 사람의 운명을 결정하게 된다.

진정으로 강한 사람은 자신의 모든 생각과 행동을 자세히 분석하고, 습관적인 행동에서 벗어나 변화를 이루어낸다. 자신을 중요하게 여기는 것도 그 과정에서 일어나는 변화 중 하나다.

자신을 중요하게 여기지 않는 사람은 오랫동안 자신이 진정으로 원하는 것이 무엇인지, 좋아하는 것이 무엇인지 자신에게 묻지 않았기 때문에 자신에 대해 깊게 생각하고 자문하는 능력이 점점 약해진다. 그러다 보니 자신에 대한 인식과 확신이 부족해져 기회가 와도 이를 잡지 못한다. 따라서 이러한 습관을 깨기 위해서는 자신에게 좀 더 인내심과 시간을 할애하여 꾸준히 훈련할 필요가 있다.

첫째, 감정 인식 훈련

감정 근육도 우리 몸의 근육처럼 자주 스트레칭을 해줘야 한다. 우리는 자신이 행복한지, 슬픈지, 긴장되는지, 우울한지, 좌절감이

나 무력감을 느끼는지 등 다양한 감정을 주의 깊게 살펴보아야 한다. 각각의 감정 뒤에는 그 원인이 있으며, 이를 이해하는 것이 바로 감정 인식 훈련의 첫걸음이다.

이 훈련을 위해 매일 '감정 일기'를 작성하는 것을 추천한다. 매일 10분 동안 자신의 감정 변화를 기록하고, 이를 3주 동안 꾸준히 유지하면, 감정 인식 능력과 감정 조절 능력이 눈에 띄게 향상될 것이다. 아래 제시한 표를 참고하여 감정 일기 작성을 시작해 보길 바란다.

날짜	10월 / 11일 (예시)
감정	· 화가 난다
감정의 원인	· 소외감 · 다른 사람의 눈에 내가 영원히 보이지 않는 것 같다
몸의 반응	· 두 손을 질끈 쥔다 · 어깨와 다리 근육이 경직된다
감정 조절 방법	· 상대에게 자신의 감정을 말해보라고 자신에게 알려준다

둘째, 욕구 인식 훈련

개인의 필요와 욕구가 자주 억눌리고 무시되면, 시간이 지나면서 분노와 불만의 감정이 마음속에 쌓이게 된다. 이때의 가장 큰 분노는 자신에 대한 분노다.

그들은 자신의 무능함에 화를 내고, 자신을 제대로 보호하고 돌보지 못했다는 사실에 분노한다. 이러한 자기 비판적 태도는 우울증의 전조가 될 수 있다. 그러므로 자신의 필요와 욕구를 인식하는 것이 자기 비판적인 태도를 극복하는 첫 단계다.

먼저 자신이 무엇을 필요로 하고 원하는지 파악해라. 그리고 왜 그런 필요와 욕구를 느끼는지, 그리고 그것을 어떻게 달성할 것인지에 대한 이해가 필요하다. 이 과정은 단계적으로 차근차근 이뤄져야 한다.

우리는 보다 다양한 시각에서 사물을 바라볼 수 있도록 자신의 관점을 확장해야 한다. 자신의 필요와 욕구를 즉시 만족시킬 수 있는 것은 바로 실행에 옮기고, 만족시킬 수 없는 것이라면 작은 목표로 나누어 조금씩 달성해 나가야 한다. 이렇게 하다 보면 점차 어떻게 자신의 삶을 잘 돌볼 수 있을지, 어떻게 하면 억울하지 않은 삶을 시작할 수 있을지 깨닫게 될 것이다.

절대 자신을 억압하고 희생하면서 살지 마라. 그렇지 않으면 마음속에 쌓여 있던 분노가 언젠가는 결국 당신의 삶을 무너뜨리게 될 것이다.

당신이 느끼는 모든 감정은 가치가 있고, 당신의 모든 생각은 의미가 있다. 그러므로 자신의 감정과 내면의 목소리를 듣는 법을

늘 초조한 당신을 위한 마음 치유 심리학

배워라. 나 자신을 이해하고, 나 자신이 만족스러울 때, 이 세상과 조화롭게 어우러질 수 있는 능력을 갖추게 된다는 것을 잊지 말자.

홀가분한 마음으로 이끄는 주문

억울한 마음이 들 때, 이렇게 말해 보자!

울고 싶을 때는 울어도 돼. 나는 울 권리가 있어. 나한테도 울고 싶은 날이 있어!

이 공간은 안전해. 그러니까 마음껏 내 감정을 꺼내도 돼.

어떤 감정이든 나는 다 받아들일 수 있어.

나는 서서히 내 마음을 편안하고 안정된 상태로 만들 수 있어. 나는 이런 내가 좋아.

타인의 기대로
진창에 빠진 당신에게

우리 주변에는 타인의 기대와 요구에 부응하느라 자신을 망가뜨리고 있는 사람이 적지 않게 있다. 우리는 타인의 인정과 칭찬을 받고 싶어 하고, 타인에게 좋은 인상을 남기려고 노력한다. 이는 인류의 자연스러운 욕구다. 그러나 만약 타인의 인정에 지나치게 얽매이고, 그것에 구속된다면, 결국 자신을 망가뜨리는 결과를 초래하게 될 것이다.

늘 초조한 당신을 위한 마음 치유 심리학

내면 성숙의 3단계

1단계 : 의존기

내면의 성숙도가 1단계인 사람은 마치 어린아이처럼 순종적이고, 인정받고 싶은 욕구가 강하다. 이들은 타인이 좋아하는 것을 자신의 기준으로 삼아 행동을 결정하고, 모든 이에게 좋은 사람이 되고 싶어 한다. 그래서 종종 자신이 원하는 것을 양보하고 포기하곤 한다. 내면의 성숙도가 의존기 상태일 때의 장점은 책임감이나 압박을 크게 느끼지 않아도 되고, 위험을 감수할 필요도 없다. 단순히 연장자가 걸어온 길을 잘 따라가기만 해도 주변으로부터 인정과 관심을 쉽게 받을 수 있다.

하지만 이 단계에서는 계속해서 자기 내면의 목소리를 무시하고 억누르게 되는 단점도 있다. 그들의 내면은 두려움으로 가득 차 있어 항상 주저하며 결정을 내리지 못한다. 그들은 아무런 시도도 하지 않고 단지 자신을 억누르고, 타협하고 물러서면서 이러한 행동이 자신을 안전하게 보호할 것이라고 자신을 설득한다.

2단계 : 반항기

반항기에 들어서면 행동이 달라지기 시작한다. 이 시기에는 자신만의 생각과 취향이 생기고, 내면의 목소리에 귀를 기울이게 된다. 또한 자신이 진정으로 원하는 것이 무엇인지 탐색하기 시작한다. 설령 그 과정에서 스트레스를 받고, 잘못된 선택을 할지라도 그들은 자신의 내면의 목소리를 따른다.

그러나 때로는 반항을 위한 반항을 하기도 한다. 누군가가 특정 행동을 지시하면 기어이 그 지시와 반대되는 행동을 하며 반항적인 태도를 드러낸다. 또한 자신의 주장을 증명하려다가 주변 사람들의 반응이나 압력으로 인해 자신의 원래 의도와는 다른 방향으로 이끌려 잘못된 선택을 하기도 한다. 그로 인해 생겨난 결과를 감당할 능력도 없으면서 말이다.

일반적으로 모든 사람의 성장 과정에는 두 번의 큰 반항기가 있다. 첫 번째 반항기는 세 살 무렵으로, 이 시기의 아이들은 "싫어"라는 말을 자주 한다. 이는 아이의 자아의식이 싹트기 시작했다는 신호다. 두 번째 반항기는 사춘기 동안 발생하며, 이때는 자아의식이 더욱 강화되어 자신의 방식대로 살고자 하는 욕구가 커진다.

자녀가 성장하는 과정에서 겪는 두 번의 반항기는 부모에게도 매우 도전적인 과제다. 아이들이 정신적으로 부모와 점점 멀어지고, 부모와의 관계에서도 경계가 더욱 명확해지는 등 새로운 자아의식과 독립된 영역을 형성해 나가기 때문이다.

부모가 자녀를 믿어주면 그들은 자신감을 얻고, 자신의 길을 당당하게 헤쳐나갈 수 있다. 이처럼 부모에게 독립된 인격체로 존중받는 아이는 자신의 결정으로 인해 부모가 상처받을까 걱정하지 않는다. 또한 죄책감 때문에 자신의 자아의식 발달을 억제하거나 의존적인 상태로 회귀하지 않는다.

3단계 : 성숙기

내면이 성숙한 사람은 자신을 잘 이해하고 존중할 줄 알며, 동시에 다른 사람의 감정과 입장을 배려하고 존중하는 태도를 가지고 있다.

심리학자 하인즈 코헛 Heinz Kohut 은 이렇게 말했다.

"적대적이지 않으면서 단호한 태도, 의도나 조건이 없는 순수한 사랑."

이 문장은 내면이 성숙한 사람이 도달할 수 있는 상태를 묘사한 것이다.

여기서 '적대적이지 않으면서 단호한 태도'란 상대의 요구를 거절하더라도 화를 내거나 죄책감을 느끼지 않는 것을 의미한다.

예를 들어, 자녀가 결혼 상대를 스스로 선택하고 싶은데, 부모가 이를 동의하지 않는 상황을 생각해 보자. 이때 내면이 성숙한 자녀는 부모에게 화를 내지 않는다. 이는 자신이 아닌 부모의 생각이기 때문이다. 따라서 그들은 부모님의 의견을 인정하고 받아들이는 동시에, 자신의 원칙과 기준을 고수하며 자신의 선택에 책임 지려 한다. 스스로 선택하고 책임 지는 것이 자신의 권리임을 잘 알고 있기 때문이다.

그들은 부모의 요구를 거절하는 것을 부모의 생각을 부정하는 것이라 여기지 않는다. 대신 내 마음의 소리에 충실하고, 내가 진정으로 원하는 일을 선택하며, 자신의 선택과 행동에 죄책감을 느끼지 않는다. 이러한 마음 상태와 태도는 내면의 성숙도를 나타내는 중요한 지표다.

'의도나 조건이 없는 순수한 사랑'이란 내가 상대에게 베푸는 친절과 헌신 뒤에 부당한 요구나 갈구가 없다는 것을 의미한다.

부모는 자녀의 일이라면 두 팔 걷고 나서지만, 이러한 부모의 깊은 사랑 뒤에는 숨은 의도가 있을 수 있다. 대부분은 자녀가 훌쩍 커서 자신을 떠나지 않기를 바란다. 그래야 자신이 자녀에게 가치 있고 필요한 존재로 남아 있을 수 있다고 생각하기 때문이다. 그러나 이런 의도가 담긴 사랑은 자녀가 앞으로의 인생을 살아가는 데 큰 걸림돌이 될 수 있다.

성숙한 사랑을 나눌 수 있는 사람은 상대방의 입장에서 생각하고 베푸는 동시에, 자신의 내면은 만족감과 행복감으로 가득 차 있다. 이처럼 자신에게 부족함을 느끼지 않는 사람만이 무언가를 베풀 때 대가를 바라지 않을 수 있다.

나와 타인의 경계를 구분 짓는 인격 독립

내면이 단단한 부모만이 자녀가 의존기에서 반항기로 넘어가는 변화를 견딜 수 있다. 또한 감정적으로 안정되고 현명한 판단력을 가진 부모만이 자녀와의 관계에서 균형을 지킬 수 있다. 이러한 부모는 점차 자녀의 세계에서 물러나는 동시에, 자녀의 독립 과정에서 느낄 수 있는 외로움이나 상실감을 스스로 달래고 조절할 수 있다. 아울러 자녀가 자신의 길을 찾아가는 것을 이해해 주고, 필요로 할 때는 변함없이 지지한다.

반면, 독립적인 인격을 갖추지 못한 부모는 자녀를 독립적으로 키울 수 없으며, 자녀가 의존기에서 반항기로 넘어가는 과정을 함께하기가 어렵다. 또한 자신이 자녀에게 가치 없는 존재가 되었다는 두려움에 사로잡히기 쉽다.

많은 이가 40대나 50대가 되어서야 비로소 자신을 위해 살기를 원하거나, 이혼을 결심하는 등 뒤늦은 반항을 시작한다. 최소

30년 전에 겪었어야 할 반항기와 자아 발견이 그제야 찾아오는 것이다.

반항기를 넘지 못하는 사람은 영원히 의존기에 머물러 성숙기로 나아갈 수 없다. 반항기를 거치지 않고 어른이 된 사람이 보여주는 성숙함과 책임감은 겉으로 보이는 이미지일 뿐, 실제로 내면은 텅 비어 있다. 그들의 성숙하고 책임감 있는 이미지는 자기애가 충만한 내면에서 자연스럽게 흘러나온 것이 아니라, 다른 사람의 인정을 받기 위해 만들어 낸 것이다.

진정으로 반항기를 경험한 사람만이 성숙기를 맞이할 수 있다. 내면이 성숙한 사람의 가장 큰 특징은 자신의 마음을 돌보는 법과 타인의 마음을 살피는 법을 모두 알고 있다는 것이다. 그들은 자신의 신념이나 원칙을 지키되, 다른 사람과 날카롭게 대립하지 않는다. 또한 자신을 있는 그대로 받아들이고 이해하는 동시에 주변 사람에게도 연민과 선의를 베푼다.

반항기를 넘지 못하고 의존기에 머물러 있는 사람들이 가장 어려워하는 것이 바로 나와 타인의 경계를 명확하게 구분하는 것이다. 그들은 나와 이 세상을 동일시하며, 자신을 독립된 존재로 여기지 않는다. 그래서 '내 것이 곧 너희 것이며, 나의 미래는 너희에게 달렸다'라고 생각한다. 그들은 언제나 어린아이처럼 주변 사람

늘 초조한 당신을 위한 마음 치유 심리학

을 자신의 엄마나 주인처럼 여긴다.

반면 반항기는 자신을 이 세상과 분리하는 과정이다. 그래서 반항기에는 '나는 내가 되고 싶고, 내 인생의 방향은 내가 결정할 것이다. 나는 누구의 말도 듣지 않을 것이다.'라고 생각한다.

그러나 이 시기에는 지나치게 '나'를 중요하게 생각하는 탓에 일부러 타인과 자신 사이에 경계를 설정하고, 때로는 주변 사람을 공격하거나 상처를 입히기도 한다. 또한 반항기는 자신의 정체성과 나와 타인을 구분하는 경계를 탐색하고 모색하는 단계이기 때문에, 이 시기에는 마음이 혼란스럽고 불안정하다.

사실 반항기를 겪는 사람들은 보이는 것만큼 강하지 않다. 그들은 자신이 방황하거나 혼란스러워할 때, 이를 핑계로 주변 사람이 자신의 경계를 또다시 침범할까 봐 두려워한다.

만약 지금 당신에게 반항기를 겪고 있는 자녀가 있다면, 자녀를 대할 때 세 가지를 유념하길 바란다. 첫째, 자녀가 왜 그렇게 행동하는지 이해하려고 노력할 것. 둘째, 자녀가 스스로 경험하고 배울 수 있도록 놔둘 것. 셋째, 자녀가 자신의 꿈과 목표를 실현하도록 도와줄 것. 세 가지만 명심하면 자녀는 큰 문제 없이 반항기를 무사히 넘길 수 있을 것이다.

축하한다
이제 곧 당신만의 새로운 여정이 시작될 것이다

내게 상담을 받으러 오는 사람 중 본인이나 주변 사람이 반항기를 겪고 있어서 고민할 때, 나는 이렇게 말해 준다.

> "축하해요. 이제 곧 새로운 여정이 시작될 거예요. 새로운 내가
> 태어나고, 그런 나 자신을 발견하게 되며, 새로운 모습으로 살
> 아가게 될 거예요. 지금 경험하고 있는 모든 건 당신이 성장하
> 는 과정의 일부일 뿐, 모두 지나갈 거예요."

반항기를 겪고 있는 사람이 자신이 겪을 변화를 이해하게 되면, 앞으로 닥칠 어려움에 더 용감하게 맞서게 될 것이다. 그리고 이를 통해 자신이 진정으로 원하는 것을 더 명확하게 알아차리고, 그에 맞춰 행동할 수 있을 것이다. 또한 현재의 어려움이 일시적임을 인식하면 다가올 어려움을 더 힘차게 극복하는 힘을 얻게 될 것이다.

지금 이 글을 읽고 있는 당신에게도 이 말을 해 주고 싶다. 당신은 한때 모든 사람에게 자신을 맞추려고 했을 것이다. 그것이 당신이 의지해 온 생존 법칙이었을 테니 말이다. 그렇다고 과거의 자신을 비하하거나 부정할 필요는 없다. 그것은 적어도 당신이 노력하고 헌신했다는 증거이기 때문이다. 당신은 누구에게도 죄책감을

느낄 필요도, 누군가에게 빚진 것 같은 느낌을 가질 필요도 없다.

대신 지금부터는 자신에게 잘해주자. 자신의 마음속 변화에 주의를 기울이고, 자신에게 다양한 경험을 시도할 기회를 주자.

당신은 어떤 역할이나 성격에 얽매이지 않아도 되며, 스스로 한계를 정할 필요가 없다. 당신은 나이와 상관없이 무한한 가능성이 있다. 반드시 어른스럽고 유능해야 하며, 순종적이고 말을 잘 들어야 한다는 기대에 부응할 필요도 없다. 이러한 특성 중 어느 것을 가질지는 당신이 선택할 수 있다.

당신은 바다처럼 깊고 넓은 존재다. 당신의 각 특성은 바다 위를 떠다니는 배들과 같으며 태양처럼 빛나는 당신의 깨달음은 이 다양한 특성을 밝게 비춘다. 이 깨달음은 한 가지 특성에만 얽매이지 않고, 더 넓은 시각으로 자신을 이해할 수 있도록 도와준다.

그러므로 오늘부터 당신은 세 가지의 나를 가지게 될 것이다.

바다가 된 나, 다양한 배가 된 나, 그리고 이 모든 것을 하늘에서 내려다보는 나이다. 모든 사람에게 자신을 맞추려는 특성은 바다 위에 떠다니는 많은 배 중 하나에 지나지 않는다. 그 특성은 있어도 되고 없어도 되는 것이다. 그러니 자신이 그런 특성을 가지고 있다고 해서 자신을 공격하거나 부정할 필요는 없다. 더 중요한 것은 당신이 무수히 많은 배를 품을 수 있는 거대한 바다라는 사실이다. 이 바다가 바로 무한 잠재력과 모든 시련에 맞설 수 있는 에너지의 원천임을 기억하자.

홀가분한 마음으로 이끄는 주문

불안한 마음이 들고, 다른 사람의 기대나 평가가 의식될 때 이렇게 말해 보자!

· 이 세상에서 내가 가장 잘 보여야 할 사람은 바로 나 자신이야.

· 단 한 번이라도 제대로 나 자신을 돌보고 사랑하자.

· 나는 지금 나를 사랑하는 법을 점점 알아가는 중이야.

회피에 익숙한 사람이
가지고 있는 착각

회피에 익숙한 사람은 대체 무엇을 두려워하는 걸까? 어떤 이는 갈등 상황에서 발생하는 말로 인한 상처를 두려워하고, 어떤 이는 상대방의 분노와 불만을 두려워한다. 또 어떤 이는 자신이 다른 사람을 실망시켜 관계가 끊어질 것을 두려워한다.

회피에 익숙한 사람은 종종 마음속으로 이런 착각을 만들어 낸다.

"나는 모든 사람을 만족시켜야 해. 나는 모든 사람이 나를 좋아
 하도록 만들어야 해."

한 여성 의뢰인의 일화다. 그녀는 직장을 세 번 이직했으며, 다

니는 직장마다 오래 버티지 못했다. 그 이유는 그녀가 집단에 융화되지 못했기 때문이다. 직장 내에서 소속감을 느끼지 못한 그녀는 점점 아웃사이더로 변했다.

그녀는 새 직장에 들어갈 때마다 부푼 기대를 안고 새로운 마음 가짐으로 직장 생활을 시작했지만, 어느새 동료들과 어울리지 못하는 자신을 발견하곤 했다. 그때마다 그녀는 동료들이 자신을 싫어한다고 생각했다. 그녀는 서서히 말수가 줄어갔고, 동료들과도 점점 멀어지게 되었다.

그녀는 직장 내에서 느끼는 감정이 마치 밀폐된 공간에 갇힌 것과 같다고 표현했다. 시끌시끌한 사무실 안에서도 그녀는 외딴 섬에 표류해 더없이 외롭다는 느낌을 받았다. 그리고 그 외로움을 견딜 수 없어 결국 퇴사하게 된 것이다.

위 여성은 전형적인 '회피형 인격'을 가진 사람이다. 이런 사람은 문제에 부딪혔을 때 스트레스와 불안감이 극도로 커진다. 이들은 자신의 감정을 숨기거나 억누르려고 하며, 다른 사람에게 도움을 청하는 것을 어려워한다. 그녀의 경우 모든 사람을 만족시키고 싶어 했고, 자신 역시 완벽한 사람이 되기를 원했다.

이런 유형의 사람들은 보통 내면에 두 가지 목소리를 가지고 있다. 하나는 '나는 인정받고 싶어. 그리고 다른 사람들이 나를 좋아

늘 초조한 당신을 위한 마음 치유 심리학

했으면 좋겠어.'라는 목소리이며, 다른 하나는 '그 사람들이 나를 진심으로 좋아할 리 없어. 완벽하지 않은 나를 누가 좋아하겠어?'라는 목소리다.

이 두 목소리는 그들의 내면에 큰 공허함을 남긴다. 그래서 그들은 다른 사람이 자신을 대하는 태도와 말투에 유난히 신경 쓴다.

인정받고 싶은 욕구가 강해질수록 그들의 마음속 기준은 점점 더 높아지게 된다. 그리고 상대가 그 기준에 미치지 못하는 행동과 말투로 자신을 대할 때 그것을 자신에 대한 의심, 부정, 불인정으로 해석한다. 결국 그들은 자신이 애써 만든 가짜 이미지를 상대에게 들켰다고 생각하여 도피를 선택한다.

이처럼 회피형 인격을 가진 사람은 다른 사람과 친밀하고 깊은 관계를 맺기가 어렵다. 그래서 직장을 자주 옮기고, 사귀는 사람도 자주 바뀌는 편이며, 주거지도 새로운 곳으로 계속 옮겨 다닌다. 그들이 주변 환경을 자주 바꾸는 이유는 새로운 것을 좋아해서가 아니다. 주변의 새로운 사람이 익숙한 사람이 되었을 때, 자신이 더 이상 예전만큼 사랑받지 못하거나 자신의 단점이 하나둘 드러나는 것이 두렵고 무섭기 때문이다.

회피에 익숙한 사람은 왜 변화가 어려울까?

본능적으로 많은 이가 회피를 선택한다. 그런데 이 회피하는 습관을 바꾸는 것은 매우 어려운 일이다.

왜 그런지 '삼중뇌 이론'으로 설명해 보겠다. 앞서 이야기했듯이 인간의 뇌는 '이성의 뇌', '감정의 뇌', '본능의 뇌' 이렇게 세 가지 영역으로 나뉜다. 이중 '이성의 뇌'는 사고, 분석, 기억, 상황 판단 등의 인지기능을 담당하는데, 이러한 기능이 제대로 작동하려면 '감정의 뇌'가 정상적으로 작동해야 한다.

'이성의 뇌'를 냉장고에 비유한다면, '감정의 뇌'는 전기 회로에 해당한다. 전류가 과부하 상태에 이르면 회로가 자동으로 차단되어 냉장고 작동이 멈춘다. 마찬가지로 감정의 뇌가 차단되면 이성의 뇌도 자연스럽게 기능을 잃게 된다.

결국 여기서 핵심 문제는 '감정의 뇌가 정상적으로 작동할 수 있느냐'이다. 답은 '감정 그릇'에서 찾아야 한다. 이 그릇의 크기가 당신의 감정 수용 능력을 결정하기 때문이다. 다음의 표를 살펴보자.

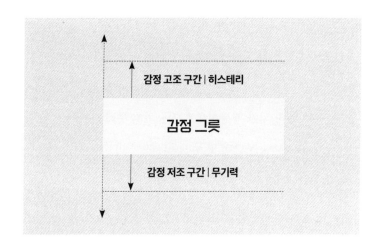

감정 고조 구간 | 히스테리

감정 그릇

감정 저조 구간 | 무기력

만약 당신에게 일어난 일이 감정 그릇에서 수용할 수 있는 범위 내에 있다면, 이때 당신의 뇌는 정상적으로 사고할 수 있는 상태다. 이때 당신은 상황을 분석하고 판단하는 것이 가능하며, 사고의 결과를 다른 사람과 원활하게 공유할 수 있다.

그러나 당신의 감정을 크게 고조시키거나 감정 그릇이 수용할 수 있는 범위를 넘어선 상황에 맞닥뜨리게 되면 두 가지 반응이 나타난다. 하나는 감정이 고조되어 싸우거나, 히스테리를 부리거나, 상대의 말을 전혀 들으려 하지 않는 그야말로 통제 불능 상태가 된다. 다른 하나는 감정이 가라앉아 무감각, 무표정, 무반응 상태가 되며, 마치 아무것도 신경 쓰지 않는 것처럼 보인다. 그러나 실상은 감정이 마비된 상태가 된 것이다.

회피에 익숙한 사람들은 겉보기에는 과묵하고, 무관심해 보이고, 무덤덤해 보일 수 있지만 실제로는 감정이 침체된 상태다. '회피'는 자아를 보호하기 위한 일종의 방어기제인 셈이다. 따라서 감정을 수용할 수 있는 그릇이 작으면 사소한 일에도 감정을 차단하게 되고, 그 결과 뇌가 정상적으로 기능하지 못해 과도한 감정 폭발(히스테리나 분노), 무감각 및 무반응(감정 마비) 혹은 회피 행동을 보이게 된다.

습관적으로 회피하는 사람들의 성장 배경

2005년 과학 매거진 《더 사이언티스트The scientist》에 실린 내용에 따르면, 사람이 위험을 감지했을 때 얼어붙는 것은 '동물의 본능적인 방어기제이자 자기 보호 반응'이다.

《정신 생리학Psychophysiology》 저널에서도 한 가지 실험이 발표되었다. 연구자들은 실험 참가자들에게 다친 사람의 사진을 보여주고, 그들의 심장 박동과 뇌파 등을 측정했다. 그 결과 참가자들에게서 심박수 감소, 근육 경직, 혈류 속도 저하, 신체활동 강도 감소 등의 상태가 관찰되었다. 이는 일종의 마비 상태로, 사람이 위험을 감지했을 때 이를 피하려고 본능적으로 나타내는 반응이다.

여기서 누군가는 이런 질문을 할 것이다.

'왜 어떤 사람은 비슷한 상황에서 마비되기는커녕 오히려 흥분
하거나 히스테리를 부리는 걸까?'

애착 이론의 관점에서 살펴보면, 위험에 직면했을 때 마비 상태
에 빠지기 쉬운 사람은 주로 회피형 애착 성향을 지닌 사람이고,
격한 감정 상태에 빠지기 쉬운 사람은 주로 불안형 애착 성향을 지
닌 사람이다.

애착의 유형은 크게 안전형 애착, 불안형 애착, 회피형 애착, 혼
란형 애착으로 나뉜다. 많은 이가 흔히 말하는 '안전감이 없다'는
것은 실제로 이 애착 유형과 관련이 있다.

안전형 애착은 사람들이 가지고 있는 가장 흔한 애착 성향으로
약 60%를 차지한다. 이들의 가장 큰 특징은 유연성이 있어 문제를
능동적으로 대처할 수 있다는 점이다. 그래서 이들은 대체로 일상
에서 안전감을 느끼며, 자신과 세상을 신뢰하고 확신한다. 또한 주
변 사람들에게도 따뜻하고 일관된 태도로 대한다.

혼란형 애착은 약 3%의 사람이 가지고 있는 성향으로, 이 유형
에 속하는 사람은 주로 경계성 인격 장애와 같은 문제를 겪기 쉽
다. 인격 장애 문제가 발생하면 감정, 행동, 관계 등 여러 측면에서
불안정성이 증가하게 된다. 따라서 혼란형 애착 성향을 가진 사람

과의 관계에서는 혼란과 갈등이 많아 양쪽 모두 고통스럽지만, 그 관계를 끊어내기도 쉽지가 않다.

불안형 애착 성향을 지닌 사람은 보통 의존성, 기대치, 예민함이 높고 통제욕이 강하다. 이와 동시에 안전감, 신뢰도, 자존감이 낮다. 불안형 애착 성향을 지닌 사람들을 살펴보면 대개 부모, 특히 엄마가 감정적으로 불안정하다. 감정적으로 불안정한 엄마들은 때로는 다정하고 인내심이 있지만, 때로는 자녀를 비하하거나 심하게 나무란다.

부모의 태도가 일관되지 않으면 아이는 부모에게 자신의 욕구를 표현해야 할지 말지 몰라 혼란스러워진다. 그들은 사랑을 받아 봤기에 사랑받는 느낌이 얼마나 좋은지 알고는 있지만, 부모에게 사랑을 요구했을 때 부모가 어떤 반응을 보일지 몰라 불안해한다.

이러한 애착 성향을 지닌 사람은 성장 후에도 내면의 불안감을 다양한 방식으로 통제하려고 한다. 예를 들어 예비 배우자에게 혼전 계약서를 요구하거나, 결혼 후 배우자의 일거수일투족에 집착하는 등의 행동을 보인다. 이러한 행동은 모두 자신이 통제하고 있다는 느낌을 받기 위한 것이다.

한편 불안형 애착 성향을 지닌 사람은 회피형 애착 성향을 가진 사람에게 재앙이나 다름없다. 회피형 애착과 불안형 애착의 차이점은 부모의 감정 상태와 양육 방식에 있다. 회피형 애착 성향을 가진 사람의 부모는 안정적인 감정을 가지고 있지만, 자녀의 요구를 자주 거절하거나 자녀를 자주 나무라는 경향이 있다. 이런 부모 밑에서 자란 아이는 타인에게 의지하면서 얻는 따뜻함과 행복함을 경험해 본 적이 없기 때문에 너무 빨리 어른이 되어 버린다. 그리고 일찌감치 주변 사람들에게 마음의 문을 닫아버린다. 그들은 힘들 때 스스로 치유하려고 하며, 그 상처를 다른 사람에게 보이지 않으려고 한다. 그들은 자신이 강하지 않으면 세상이 자신에게 상처를 줄 것이라 생각하기 때문이다.

따라서 어떤 사람이 회피하는 행동을 할 때 그 이유를 이해하는 것이 중요하며, 사람마다 가지고 있는 애착 유형을 잘 이해해야 그 사람과의 관계를 더 잘 맺을 수 있다. 만약 당신이 불안형 애착이나 회피형 애착 성향을 가졌다면, 자신의 감정 그릇을 키우는 법을 배워야 한다. 장거리 달리기를 하듯, 자신의 감정 수용 능력을 키우려고 노력해야 한다.

가장 좋은 방법은 자신에게 안전감을 줄 수 있는 사람, 예를 들어 심리상담사를 찾는 것이다. 상담사와 대화를 나누면서 자신의 감정을 표현해 보고, 피드백과 위로를 받는 연습을 해 보자. 당신의 감정 수용 능력이 조금씩 향상되는 것을 느낄 수 있을 것이다.

배려가 반복되면
의무가 된다

타협적인 사람의 마음속에 있는 반항 심리

타협적인 사람은 마음속으로 세상과 거리를 두고 있다. 그들은 자신에게 '세상은 죄와 악이 가득 찬 곳'이라는 인식을 심어둔다. 겉으로 보기에 그들은 포용력 있고, 관대하고, 사소한 일에 연연하지 않는 사람 같지만, 사실 속으로는 '나는 당신들이 진심으로 나를 사랑하고, 아껴주고, 보호해 줄 것이라 믿지 않아요. 당신들한테 내가 소중할 리 없으니까요.'라고 생각한다.

그래서 그들은 일찌감치 자신을 무장한 채 다른 사람들과 멀리 떨어지려고 한다. 서글서글하고 털털한 줄 알았던 그들의 성격 뒤에는 이처럼 남들이 모르는 이면이 숨어있다.

"다른 사람이 당신을 대하는 태도는 전부 당신이 가르쳐준 것이다"라는 말이 있다. 이와 마찬가지로 타협적인 사람들 역시 다른 사람이 자신을 그렇게 대하도록 스스로 '유도하고' 있는 것이다.

타협적인 사람들의 세 가지 특징

타협적인 사람들에게는 세 가지 특징이 있다. 첫째, 절대 자신의 요구사항을 표현하지 않는다. 불편한 감정을 참으며 다른 사람들 앞에서는 항상 너그럽고 대범한 척한다. 그들은 "난 괜찮아. 나는 신경 쓰지 않아도 돼. 나는 이대로가 좋아."라고 말하며 자신의 진심을 숨긴다.

이처럼 타협적인 사람들은 자신의 솔직한 마음을 다른 사람에게 보여주지 않는다. 대신 부드러운 미소를 지으며 체면을 지키려고 한다. 이 때문에 사람들은 그들이 정말로 괜찮다고 착각한다. 타협적인 사람들은 누군가가 먼저 다가와 자신의 숨겨진 본심을 알아차리고 관심을 갖기를 기대하지만, 불행히도 대부분은 그들의 이런 의도를 이해하지 못하고 그냥 지나쳐 버린다.

둘째, 타협적인 사람들은 피드백을 잘하지 않는다. 그들은 다른 사람의 부탁을 받았을 때, 자신이 할 수 있는 일이라면 흔쾌히 승낙하고, 다소 곤란한 일이라도 상대를 실망시키고 싶지 않아 최선

늘 초조한 당신을 위한 마음 치유 심리학

을 다해 응한다. 하지만 속으로는 크게 불편함을 느낀다. 이런 상황이 반복되면 마음속에 쌓아둔 불만이 결국 분노로 표출되거나, 불편함을 겪지 않기 위해 관계를 끊으려 한다. 상대의 요구가 지나치게 과할 경우, 그들은 겉으로는 승낙하는 척하면서 실제로는 행동으로 옮기지 않거나 아예 침묵하고, 결국에는 그 사람을 피한다. 이 과정에서 그들은 '왜 어떤 사람들은 항상 하나를 주면 둘을 바라는 걸까?'라는 생각을 하게 된다. 하지만 이러한 상황이 자신이 분명한 경계를 설정하지 않았기 때문에 발생한 결과라는 사실을 깨닫지 못한다.

셋째, 타협적인 사람들은 약한 모습을 보이지 않는다. 그들은 다른 사람을 멀리 밀어내며 자신의 진짜 모습을 숨긴다. 그들이 보여주는 포용력과 관대함은 자신을 보호하기 위해 위장한 껍데기일 뿐이다. 따라서 그들의 유순하고, 너그러우며 이해심이 넓어 보이는 성격은 표면적인 이미지에 불과하다. 다른 사람을 신뢰하거나 마음을 터놓고 이야기하는 것은 그들에게 매우 어려운 일이다. 대신 그들은 자신을 단단하게 무장한 뒤 멀리서 다른 사람을 관찰하며 겉으로는 친절하고 관대한 태도를 보인다. 이는 자신을 보호하기 위한 방법이다.

하지만 그들이 잊고 있는 것이 있다. 사실 그들은 이미 다른 사람을 이기적이며 신뢰할 수 없는 존재라고 가정한 상태다. 이미 마음속에 이러한 믿음이 있기 때문에 자신이 조금이라도 무언가를 요구하거나 주장하면 상대가 자신을 싫어하게 될 것이며, 심지어는 자신을 쉽게 버릴 것이라고 생각하는 것이다.

넘어지지 않기 위해 걷기를 포기하다

아무도 자신의 억울함을 들어주거나 자신의 이익을 보호해 주지 않기 때문에, 그들은 점차 이렇게 생각하는 습관이 생긴다.

'세상이 나를 이렇게 대하는 이상 더는 나 자신을 비하하지 않겠어. 많은 기대를 하지 말자. 참을 수 있으면 참자.'

이처럼 그들은 세상에 기대하는 바가 많아지면 그만큼 자신이 상처받고 억울해질 일도 많아진다고 생각한다.

하지만 여기에는 치명적인 문제가 있다. 바로 그들을 둘러싸고 있는 주변 환경이 변했음에도 불구하고 그들은 여전히 같은 방식으로 주변 사람을 대하고 있다는 것이다. 간단히 말해, 과거에 나쁜 사람을 만났던 경험 때문에 현재 자기 주변에 있는 모든 사람을 나쁜 사람으로 간주하는 것이다.

한 가지 비유를 들어 설명해 보겠다. 어떤 사람이 진흙탕에서 넘어져 크게 다쳤다. 그 사람은 또다시 넘어지지 않기 위해 앞으로는 일어서지 않고 계속 기어서 가기로 결심한다. 이렇게 하면 더 이상 넘어지지 않으리라 생각했기 때문이다.

이 비유가 웃기게 들리겠지만, 실제로 많은 이가 이렇게 행동하고 있다. 말하기는 쉬워도 변화하기는 매우 어렵다. 과거에 상처받고 무시당했던 경험과 억울했던 감정이 마음속 깊이 남아있기 때문이다. 그들은 자신도 믿지 못하고, 다른 사람도 믿지 못한다. 그래서 너그럽고 대범한 인상을 유지하며 남에게 나를 맞추는 타협적인 삶이 그들에게는 훨씬 더 익숙하고 쉬운 방법이 되어 버렸다.

물론 어떤 이는 인간의 본성은 악하기 때문에 사람의 마음을 너무 아름답게 상상하지 말라고 말한다. 특히 자신의 약점이 드러났을 때 그 약점을 극복하거나 방어할 능력이 없다면, 다른 사람에게 무시당하거나 그 약점을 빌미로 괴롭힘을 당할 수도 있다고 경고한다.

실제로 그럴 수도 있다. 그러나 당신이 기억해야 할 말이 있다.

"당신이 약할 때 세상이 가장 가혹하게 느껴질 것이다."

이 말은 즉, 당신이 약하기 때문에 세상이 가혹하게 느껴지는 것이다.

그러므로 내면의 두려움과 맞설 수 있을 만큼 강해져라. 자신을 존중하고 중요하게 생각하고 사랑할 때, 비로소 자신의 약점도 소중하게 느껴질 것이며, 자신의 욕구와 바람도 비로소 가치 있게 여겨질 것이다.

건강한 '내면 아이'를 만드는 방법

성숙하고 강인한 내면은 우리 마음속의 '내면 아이' 상태와 관련이 있다. 다시 말해 내면 아이의 상태는 곧 우리 내면의 진짜 상태다. 따라서 과거의 상태에서 벗어나고 싶다면 자신의 내면 아이와 대화하는 법을 배워야 한다. 어린 시절의 상처를 돌보고 치유함으로써, 현재의 자신을 더 건강하고 강하게 만들어야 한다.

그렇다면 어떻게 건강한 내면 아이를 만들 수 있을까? 지금 당장 실천할 수 있는 방법을 알려줄 테니 차근차근 따라오길 바란다.

이 방법은 이성의 뇌에 탑재된 방어기제를 빠르게 작동시켜 30분 만에 내면의 위축된 상태를 행복한 상태로 바꿔준다. 상처받은 내면 아이를 가지고 있는 사람, 자신을 고립시키는 사람, 자기 자신을 싫어하거나 폄하하는 사람 등 많은 사람이 이 방법으로 도움

늘 초조한 당신을 위한 마음 치유 심리학

을 받았다. 다만 이 방법은 혼자서 하기보다 전문 심리상담사의 지도를 받아 진행하기를 권장한다.

내면 아이와 대화하는 방법은 다음 세 단계로 나눌 수 있다.

1단계 : 준비 작업

조용하고 안전한 환경을 찾는다. 자신에게 가장 익숙하고 편안한 방이 가장 좋다. 또한 갑자기 누가 들어오지 못하도록 가능한 문을 잠그는 것이 좋다.

2단계 : 편안하게 몸풀기

편안한 위치를 찾아 앉거나 반쯤 누워 몸과 마음을 편안한 상태로 만든다. 눈을 감고 숨을 천천히 내쉰다. 심신이 편안할수록 내면 아이가 당신의 눈앞에 더 잘 나타난다. 만약 내면 아이가 보이지 않는다면 이는 심신이 충분히 편안하지 않다는 뜻이므로, 최면 음악을 들으며 차츰 편안한 상태로 만든다.

당신의 내면 아이를 관찰할 때 몇 가지 주의 깊게 살펴볼 것이 있는데, 그것은 내면 아이의 머리 스타일과 옷차림, 표정, 기분 그리고 내면 아이가 처해있는 환경이다.

3단계 : 상호작용 유도 및 상처 치유

내면 아이의 이미지가 나타나면 그와 상호작용을 시도한다. 이 때 상호작용은 사람의 정서적 욕구를 점차 깊이 있게 충족시키는 것을 원칙으로 삼는다. 가령 관심을 보이는 것부터 시작해 이해, 연민, 위로, 허용, 공감, 감탄, 호의, 수용의 방식으로 진행한다.

다음은 한 의뢰인의 이야기다. 그가 내면 아이와 대화를 시도했을 때, 그가 마주한 내면 아이의 모습은 뼈만 앙상하게 남은 모습이었으며, 눈조차 없었다. 이러한 무서운 형상을 본 그는 무의식적으로 이 모습을 더 이상 보고 싶지 않았고, 내면 아이를 피하고 싶다는 생각이 들었다.

이때 내가 안내한 첫 번째 단계는 바로 내면 아이에게 관심을 주는 것이었다. 나는 그에게 지금 눈에 보이는 내면 아이의 모습과 그 모습에서 느껴지는 무서운 감정을 내면 아이에게 들려주라고 말했다.

"네 모습을 보니 조금 무섭다는 생각이 들어. 그래도 나는 너를 보고 싶어."

이렇게 피드백을 한 후 계속해서 내면 아이의 반응을 관찰해라.

어쩌면 내면 아이가 자신을 의심과 불신의 눈빛으로 볼 수도 있다. 이때 서두르지 말고 인내심을 가져야 한다. 아이를 달래듯 따뜻하고 부드럽게 내면 아이를 대하다 보면, 서서히 내면 아이의 모습이 무섭게 느껴지지 않게 될 것이다. 그 결과 내면 아이는 점점 편안하고, 즐겁고, 자유롭고, 부드럽고, 행복한 상태에 도달하게 된다. 이것이 바로 자신의 내면 아이에게 정서적 영양을 주는 과정이다.

여기서 주목해야 할 핵심 욕구 두 가지가 있다. 하나는 자신을 발견해 주길 바라는 내면 아이의 욕구이고, 또 다른 하나는 관심받고, 주목받고, 중요한 존재로 여겨지길 원하는 욕구이다. 우리는 이 두 욕구를 충족시켜 주어야 한다.

다만 내면 아이와 상호 작용하는 과정은 다양하므로 반드시 이 예시를 그대로 따라 할 필요는 없다. 현재 자신이 가장 필요로 하는 심리적 욕구가 무엇인지 파악하고, 그것을 채워나가는 것부터 시작하라. 그 결과 내면 아이에 변화가 생겼다면, 다음으로 필요한 욕구를 파악하여 같은 과정을 반복하면 된다.

자신의 내면 아이를 돌보고 치유하는 법 그리고 자신을 사랑하고 존중하는 법을 배워 이 세상을 당당하고 주체적으로 살아가 보자.

남에게 나를 맞추고 있다는 생각이 들 때, 이렇게 말해 보자!

- 항상 큰 그림을 보고 행동하는 나, 이렇게 큰 포부를 가진 나는 정말 대단해.
- 내면에 억울함이 없게 자신에게 보상해 주자.
- 내가 나를 위해 할 수 있는 일들을 적어보자.
- 자신을 사랑할 줄 아는 나는 참 아름다워.

작은 변화에도
불안해지는 이유

안전감이 부족한 사람이 습관적으로 하는 생각

안전감이 부족한 사람은 사고와 행동을 제한된 범위 내에서 반복하는 경향이 있다.

직업, 외모, 학력 등 여러 면에서 좋은 조건을 가진 한 여성이 있다. 그녀에게는 자신을 매우 아껴주는 남자친구도 있다. 남자친구는 항상 그녀의 감정을 배려해 줬다. 하지만 그녀는 늘 불안했다. 언젠가 남자친구가 자신이 지겨워져 떠날까 봐 두려웠다.

그녀가 불안해할 때마다 남자친구는 그녀를 안심시키며 이렇게 약속했다. "내가 너를 떠날 일은 없어. 나는 영원히 너와 함께할 거야. 너처럼 이렇게 똑똑하고 예쁜 여자를 어떻게 떠날 수 있겠어?" 그녀는 남자친구가 이런 말을 하는 그 순간은 안도했지만, 그 효과는 며칠밖에 지속되지 않았다. 시간이 지나면 그녀는 다시 의심하기 시작했다.

'당신은 내 조건을 좋아하는 건가요? 아니면 나라는 사람을 좋아하는 건가요? 만약 언젠가 우리가 결혼해서 아이를 낳은 뒤 내가 돈을 벌 능력이 없게 된다면? 아이를 낳고 몸매가 망가진다면? 그때도 당신이 지금처럼 나를 사랑해 줄까?'

그녀는 남자친구가 자신을 사랑하는 이유는 자신이 가진 특정 조건들 때문이라고 생각했다. 그리고 이 조건들을 잃게 되면 남자친구도 자연스럽게 자신을 사랑하지 않을 것이라고 여겼다. 그녀의 머릿속에서는 다음과 같은 폐쇄적 사고가 작동하고 있다.

1. 남들이 나를 좋아하지 않으면 힘들다. 나는 이 상황을 바꾸고 싶다.

2. 나의 노력으로 타인의 인정과 이해를 받았지만, 그것은 내가 가진 어떤 조건이 마음에 들어서이지 나 자체를 좋아하기 때문이 아니다. 다시 말해 다른 사람이 좋아하는 것은 내가 아니라 나의 '어떤 특성'이다.

늘 초조한 당신을 위한 마음 치유 심리학

3. 나는 다른 사람이 진짜 내 모습을 보고 나를 싫어할까 봐 두렵다. 그런데도 나는 누군가가 진정한 내 모습을 보고도 계속 나를 좋아해 주기를 갈망한다. 나는 이를 확인하기 위해 상대방을 끊임없이 시험한다. 그들이 그 시험을 이겨내고 나를 사랑해 주기를 바란다.

4. 하지만 상대의 사랑을 시험하는 과정에서 나를 향한 그들의 마음이 점점 식어가는 것을 느낀다. 결국 처음의 결론으로 돌아온다. '거봐. 역시 나를 진정으로 사랑해 주는 사람은 없었어.'

어린 시절 충분한 사랑과 관심을 받지 못한 사람들은 이러한 폐쇄적 사고방식으로 인해 자신의 문제와 불안감 속에서 돌파구를 찾지 못하고 헤매게 된다. 그녀가 자신의 사고방식을 바꿔 심리적 안전감을 높이지 않는 한, 이 문제는 해결되지 않을 것이다.

그녀의 심리 상태는 마치 매일 의자를 보며 '저 의자가 튼튼할까? 부서지지 않을까? 만약 부서져서 넘어지면 어떡하지?'라고 걱정하는 것과 같다. 불안한 마음에 나사를 여러 번 조였다 풀었다 하고 심지어 의자 다리를 새것으로 교체해 보기도 하지만, 이렇게 끊임없이 고치는 과정에서 오히려 의자는 더 부실해진다. 실제로 이런 불안감을 느끼는 여성이 많을 것이다. 그러나 여자 친구의 불안이 커질수록 남자는 점점 더 침묵하고, 피하려 하며, 상대를 거부하게 된다. 결국 그 관계는 점점 파국으로 치달을 수밖에 없다.

'갈망'과 '두려움'으로 뒤범벅된 혼란 상태

안전감이 부족한 사람은 마음속에서 두 개의 목소리가 자주 튀어나온다.

하나는 '나는 사랑받지 못할 거야. 나는 사랑받을 자격이 없어.'라고 말하는 목소리고, 다른 하나는 '나는 사랑받고 싶어. 누군가가 내게 사랑받는 느낌을 느끼게 해 줬으면 좋겠어.'라고 말하는 목소리다.

이 상반된 두 개의 목소리는 마음속에서 끊임없이 싸운다. 이러한 마음속 갈등은 상대를 밀어냈다가 붙잡는 등 외적인 행동에서 도드라난다. 그러나 남자들은 여자의 이런 복잡한 감정을 전혀 이해하지 못하고 단순히 그녀가 '짜증'을 내고 있다고 생각한다.

심리학에서는 이런 애착 유형을 '불안-양가형 애착Anxious-Ambivalent insecure attachment'이라고 부른다. 이 유형의 사람들은 상대방이 자신을 사랑해 주기를 원하면서도 상대가 진심으로 자신을 사랑하지 않을 것이라고 믿는다.

그들은 상대방의 행동을 부정적으로 해석하고, 상대방의 부족

늘 초조한 당신을 위한 마음 치유 심리학

한 면만을 강조한다. 또한 상대방이 더 나아지길 바라면서 특정한 기준에 도달하도록 채찍질한다. 그들은 상대방이 그 기준에 도달하면 자신의 가치가 입증되고, '사랑받지 못할 것'이라는 두려움에서 해방될 수 있을 것이라 생각한다. 하지만 불안함을 완전히 해소할 수 있는 특정 기준 따위는 이 세상에 존재하지 않는다.

불안-양가형 애착을 보이는 사람은 직장에서도 동일한 문제를 겪는다. 그들은 매일 자신을 채찍질하며 더 잘하려고, 더 높은 목표를 달성하려고 노력한다. 목표에 도달하면 일시적으로는 안도감을 느끼지만, 이내 곧 다시 불안감을 느끼며 자신을 채찍질한다. 그들은 아무리 큰 성취를 거두어도 마음을 온전히 내려놓지 못한다.

이와 같은 불안-양가형 애착은 유독 여성에게서 많이 나타난다. 그런데 이를 진지하게 분석하거나 반성하는 사람은 거의 없다. 사실 이러한 현상은 우리 사회와 각 가정에서 여성을 대하는 태도와 깊은 관련이 있다.

사회에서는 여성에게 '여자도 독립적이고, 생각이 깨어있어야 하며, 감정이 안정적이어야 한다'고 요구한다. 하지만 동시에 여성의 자신감을 깎아내리며 "여자는 안 돼. 여자는 시집 잘 가는 게 가장 큰 성공이야. 가정이 없는 여자는 사업으로 성공해 봐야 불행해."라고 말한다. 이런 모순된 메시지는 여성들이 불안-양가형 애착을 경험하게 하는 주된 원인 중 하나다. 마치 말이 달리도록 채찍질하면서도 먹이는 주지 않는 것과 비슷하다.

안정된 감정은 자신이 가치 있는 존재라고 생각하는 믿음과 자신감에서 만들어진다. 따라서 한 사람의 자기 가치감과 자신감이 약해지면 그만큼 무력감, 불안전감이 마음속을 파고들게 된다.

안전감 부족의 원인은 무엇인가?

부모의 안정된 감정은 한 가정의 든든한 버팀목과도 같다. 만약 부모의 감정이 불안정하면 아이는 부모에게 다가가고 싶으면서도 이를 두려워하게 된다.

간단한 예를 들어보자. 학교에서 돌아온 한 아이가 100점을 받은 시험지를 부모에게 보여주었다. 부모는 아이를 칭찬하고 맛있는 음식도 만들어 주었다. 아이는 이 순간이 너무나도 행복했다. 그래서 아이는 다음 시험에서도 100점을 맞아 부모에게 보여줬다. 하지만 이번에는 부모가 "그게 뭐 대단한 일이라고. 전 과목 1등 정도는 해야지."라며 대수롭지 않게 말했다.

부모의 냉담한 반응에 아이는 마음이 상했고, 그 반응을 이해할 수 없었다. 그렇다면 다음에 또 100점을 맞았을 때, 아이는

늘 초조한 당신을 위한 마음 치유 심리학

부모에게 시험지를 보여줘야 할까? 아이는 내심 보여주고 싶을 것이다. 이전에 칭찬받았을 때의 기분 좋은 기억이 남아있기 때문이다. 하지만 막상 시험지를 보여주었을 때 이번에는 부모가 어떤 반응을 보일지 몰라 아이는 갈등할 것이다.

위의 예시를 이해했다면 나는 어떤 아이였는지 한번 돌아보라. 만약 당신이 불안-양가형 애착을 경험한 아이였다면 지금부터 안전감이 결여된 자신과 대화하고 화해하는 연습을 시작하길 바란다. 그리고 부모가 심어준 '나는 사랑받을 자격이 없는 아이'라는 자기 인식을 새롭게 바꾸는 작업이 필요하다. 내면의 불안감에서 시작된 모든 문제를 해결하려면 여기서부터 시작해야 한다.

현재 당신이 보여주는 불안감은 불안정한 감정에 지속적으로 노출되며 자랐기 때문에 생긴 결과다. 그로 인해 자신을 어떻게 돌보고 심리적 안정감을 어떻게 높일지 모르는 것이다. 물론 30세 이전에는 자신의 문제나 어려움을 부모나 성장 환경의 탓으로 돌릴 수 있다. 하지만 30세 이후라면 다르다. 당신이 문제를 해결하고자 하는 의지만 있다면 해결 방법은 반드시 존재한다. 이제는 과거에 부모가 주지 못했던 것을 자신에게 줄 수 있어야 한다.

나는 항상 이 말이 굉장히 마음에 와닿는다.

"부모나 성장 환경이 사람에게 영향을 줄 수 있지만, 그 영향이
한 사람의 가능성이나 미래를 완전히 결정짓지는 않는다."

진정한 안전감은 어떤 사람이나 사건으로부터 얻어지는 게 아니라 오직 당신 자신의 마음에 달려있다. 그러므로 다른 피난처는 찾을 필요가 없다. 당신 자신이 가장 좋은 피난처이기 때문이다.

마음의 안전감을 높이는 방법

당신이 가지고 있는 자기 인식을 바꾸기 전에, 먼저 심리적 현실과 객관적 현실을 구분하는 법을 배워야 한다. 심리학자 로버트 K. 머튼Robert K. Merton은 '자기 충족 예언self-fulfillment prophecy'이라는 개념을 제시했다. '자기 충족 예언'이란, 한 사람이 자신의 상상 속에 있는 일을 실제로 존재하는 것처럼 생각하면 시간이 지나 그 상상의 결과가 현실이 되는 현상이다.

자기 충족 예언에 사로잡히면 자신이 상상하는 세상이 현실에서도 그대로 나타나게 된다. 이는 마치 빨간 안경을 쓰고 세상을 바라보면서 모든 것이 왜 빨갛게 보이는지 불안해하는 것과 같다. 설령 실제로 자신이 상상한 모습을 목격하지 못하더라도, 주변 사람이나 상황을 자신의 상상에 맞춰 바꾸려고 할 것이다. 이러한 현

늘 초조한 당신을 위한 마음 치유 심리학

상은 우리의 생각과 태도가 현실을 만들어 나간다는 의미에서 '마음이 만물의 근원'이라는 말과 같은 맥락이다.

자신의 마음을 바로잡으려면 가장 먼저 자신의 '빨간 안경'을 찾아내고, 그 안경이 왜 존재하게 되었는지 알아야 한다. 그래야만 빨간 안경을 벗고 진짜 세상을 볼 수 있다.

그렇다면 자신의 빨간 안경을 벗으려면 어떻게 해야 할까?

자, 불안감이 다시 생길 때마다 다음 네 가지 질문을 던져보자. 당신이 느끼는 불안감이 현실인지 상상인지 구분하는 데 도움이 될 것이다.

문제 1. 무엇이 나를 불안하게 만드는가? (불안감 유발 원인)

문제 2. 마음이 불안해질 때 나는 무엇을 두려워하는가?

(두려움의 종류)

문제 3. 위에서 생각한 것 외에 다른 가능성은 없는가?

각각의 확률은 얼마나 되는가? (구체적 분석)

문제 4. 나의 대응책은 무엇인가? 그로 인해 내가 감수해야 할

대가는 무엇인가? (대처 행동 준비)

마음속에 또 불안감이 느껴질 때,
이렇게 말해 보자!

- 불안감이 또 나를 찾아왔구나. 나는 내가 불안해한다는 걸 느낄 수 있어.

- 나는 이 불안감을 억누르지 않고 자연스럽게 받아들일 거야.

- 편안해져야 한다는 강박에서 벗어나자.

- 바다 위를 항해하듯 마음속의 감정을 있는 그대로 느껴보자.

- 내가 중심을 잃지 않는 이상, 내 마음의 안전감은 사라지지 않아.

3장.
여유로운 마음,
느긋한 태도

그렇다면 마음의 여유를 어떻게 키워야 할까?

어떻게 하면 마음의 여유가 자연스럽게 행동으로 나타날까? 답은 바로 '내면의 힘을 기르는 것'이다. 내면의 힘이 강해져야 혼란스럽고 불안한 이 세상에서 당황하지 않고 차분하게 헤쳐나갈 수 있다.

이번 장에서는 부정적인 자기 신념을 바꾸는 방법, 자신의 역할 재정립하는 방법, 내면의 자아와 긍정적인 대화를 나누는 법, 나에게 붙여진 부정적인 꼬리표를 떼는 법, 에너지를 소모하는 관계 끝내는 법, 이 다섯 가지 방법을 통해 마음의 균형을 잡고 내면의 힘을 기르는 법을 안내하고자 한다.

마음을 어지럽히는
자기 신념을 지워라

자기 신념은 자신의 인생을 결정한다

자기 신념은 당신이 의식하지 않아도 당신의 행동과 선택에 영향을 미쳐, 그 인식에 부합하는 방향으로 살아가게 만든다. 만약 자기 인식을 바꾸지 않으면 당신의 인생은 이미 정해진 것이나 다름없다. 사람들은 이것을 운명이라고 생각하지만, 사실 운명이란 자기 인식에서 벗어나지 못한 사람이 자기 위안을 위해 만든 핑계일 뿐이다.

다음은 한 의뢰인의 일화다. 그녀는 몇 년간 전업주부로 지내다가 직장으로 복귀했는데, 입사 첫날부터 긴장의 연속이었

늘 초조한 당신을 위한 마음 치유 심리학

다. 상사 앞에만 서면 자신이 무슨 실수를 하지 않을까 너무 걱정됐다. 동료를 대할 때도 마찬가지였다. 자신보다 능력이 뛰어난 동료와 있을 때는 자신의 부족한 점을 걱정했고, 자신보다 능력이 뒤떨어지는 동료와 있을 때는 그들이 자신을 질투할까 봐 걱정했다.

그녀가 바라보는 타인이라는 존재는 모두 공통적인 특징을 가지고 있다. 그들은 하나같이 까다롭고, 엄격하고, 이기적이고, 위험한 존재여서 언제든지 자신을 밟고 넘어갈 수 있는 사람들이다. 반면 그녀가 바라보는 자신은 늘 혼나는 존재, 대체될 수 있는 존재, 믿고 맡길 수 없는 존재, 부족한 점이 많은 존재였다. 이것이 바로 그녀의 내면에 존재하는 자기 신념이다.

정리하자면 자기 신념은 '세상을 바라보는 관점'과 '자신을 바라보는 관점', 이 두 가지가 합쳐져 형성된다.

'세상을 바라보는 관점'은 우리가 과거에 중요한 타인들(부모나 선생님 등, 성장 과정에서 영향을 주는 사람들)과 무수히 상호작용을 하면서 형성된 습관적 대응 방식이다. 항상 다른 사람의 의견과 평가를 지나치게 의식한다면, 그것이 당신이 세상을 바라보는 관점인 것이다. 그리고 이 관점은 나 자신을 바라보는 관점에도 영향을 미쳐 '나는 유능하다', '나는 사랑받을 가치가 있다' 등의 가치관을 형성하게 된다.

만약 어떤 사람이 타인을 묘사할 때 항상 비슷한 느낌을 받는다면, 그것은 그 사람이 주변 사람이 어떤지에 대해 말하는 게 아니라, 자신이 보는 세상이 어떤지를 표현하는 것이다. 이처럼 한 사람이 세상을 바라보는 관점은 그가 어떤 것들을 보게 될지를 결정한다.

자기 신념은 어떤 식으로 우리에게 영향을 주는가?

우리는 줄곧 자기 신념에 갇혀 한정된 범위 내에서 사고를 반복한다. 예를 들어 자기 자신을 '나는 실패자야. 나는 제대로 할 줄 아는 게 하나도 없어.'라고 생각하면, 아무리 타인이 나를 격려해 주고 과거에 내가 이뤘던 성과를 인정해도, 그것을 '그저 예의상 하는 말이겠지. 내가 정말 잘해서 하는 말은 아닐 거야. 과거의 성공은 그냥 운이 좋았던 것일 뿐, 다음에는 그럴 리 없을 거야.'라고 해석하게 된다.

이때 느껴지는 감정은 불안, 긴장, 두려움이다. 이러한 감정은 행동으로 표출되어 무슨 일을 할 때마다 서두르게 되고 걱정이 많아진다. 그리고 행동의 결과는 실패로 이어질 가능성이 높다. 이때 내면을 장악하고 있는 부정적인 자기 신념이 또다시 자신을 폄하

늘 초조한 당신을 위한 마음 치유 심리학

하기 시작한다.

'거봐, 난 안 될 거라고 했잖아. 너희들은 내가 할 수 있다고 말했 지? 역시나 너희들은 나를 놀리는 거였어. 지난번에는 운이 좋 았던 것뿐, 난 역시 실패자였어. 나는 되는 게 없는 사람이야.'

내면의 자기 신념이 어떤 식으로 우리의 감정과 사고와 행동에 파고드는지 살펴보면, 자기 신념의 영향력이 얼마나 큰지 실감하 게 될 것이다. 이 과정을 좀 더 명확하게 이해할 수 있도록 다음과 같이 그림으로 나타냈다.

자기 신념이 우리의 감정과 사고, 행동에 영향을 주는 과정

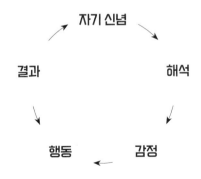

우리는 평생 이러한 자기 신념에 갇혀 살면서도 그것을 인식하지 못할 때가 많다. 자신의 인생을 되돌아본 적 없는 사람은 자기 신념이 자신의 감정과 사고, 행동에 영향을 주는 과정에서 무슨 일이 일어나고 있는지 깨닫기 어렵다. 흔히 하는 말 중에 '운명을 바꾼다'라는 말이 있는데, 사실 운명은 당신의 마음에 달려있다. 당신의 마음이 달라지지 않으면 운명도 변하지 않는다.

자기 신념은 어떻게 바꿔야 할까?

'나는 할 수 있다. 나는 잘 될 거야.'라고 자신에게 다짐하는 방법이 효과가 있을 것이라 기대하지 마라. 그 순간 내면의 목소리가 발끈하며 소리칠 것이다. '너는 지금 자신을 속이고 있는 거야. 넌 안된다는 거 알잖아. 억지로 버티지 마. 지치지도 않아?'라고 말이다.

우리 내면의 자기 신념은 '주요 신념'과 '부차적 신념'으로 구분된다. 예를 들어 오늘 당신이 자신에게 '나는 못 해. 나는 실패자야.'라고 말하는 것이 주요 신념이라면, '이대로 포기하고 싶지 않아. 다시 한번 도전하고 싶어.'라고 말하는 것은 부차적 신념이 내는 목소리다.

이 두 신념은 당신의 마음속에서 격렬하게 충돌하며, 대부분 주요 신념이 이기게 된다. 그리고 이런 상황이 반복될수록 주요 신념의 목소리는 점점 더 커지고, 부차적 신념의 목소리는 점점 더 작

늘 초조한 당신을 위한 마음 치유 심리학

아지게 된다. 결과적으로 당신은 이전보다 훨씬 더 위축되고, 낙담하고, 자신감을 잃게 된다.

자신의 내면을 지배하고 있는 자기 신념을 바꾸기 위해서는 바둑판의 원리를 이해해야 한다. 바둑에서 흑돌과 백돌은 서로 대결을 벌인다. 때로는 흑돌이 유리할 수도, 때로는 백돌이 유리할 수도 있다. 여기서 흑돌과 백돌은 우리 내면의 주요 신념과 부차적 신념과도 같다. 이 두 가지 신념은 흑돌과 백돌처럼 서로 경쟁을 벌인다. 중요한 건 어느 쪽이 우위를 점하든 상관없이 이 모든 과정의 주도권은 당신이 쥐고 있다는 사실이다.

그렇다면 여기서 중요한 질문을 하나 하겠다. 당신은 자신을 어떤 위치에 두고 있는가? 흑돌? 백돌? 아니면 바둑판? 혹은 바둑을 두는 사람? 만약 당신이 내면의 자기 신념에 크게 영향을 받고 있다면, 이는 당신이 흑돌이나 백돌의 위치에 있음을 의미한다. 당신의 위치가 흑돌이든 백돌이든, 당신은 결국 상대편과 대결을 벌이며 에너지를 소모하게 된다.

내면을 지배하고 있는 자기 신념에서 벗어나려면, 바둑알의 위치에서 벗어나 바둑판이나 바둑을 두는 사람이 되어야 한다. 그래야만 머릿속에서 떠오르는 모든 생각과 감정을 자신을 위해 활용할 수 있게 된다.

그럼 어떻게 해야 머릿속에서 떠오르는 모든 생각과 감정을 효과적으로 활용할 수 있을까? 마음 챙김 치료법Mindfulness-Based Interventions, MBI에서는 '관찰'이라는 방법을 제안한다. 머릿속에 떠오르고, 떠다니고, 사라졌다 다시 떠오르고, 떠다니고, 사라지는 생각들을 관찰하는 것이다. 이 과정에서 당신이 할 일은 오직 '관찰하는 것'뿐이다. 이 모든 과정을 간섭하거나 통제하려고 하면 안 된다. 그저 자연스럽게 일어나고 사라지도록 허용해야 한다. 어떤 생각이 어떻게 생겼다 사라지든 당신은 여전히 한 자리에서 묵묵히 바둑을 두고 있는 사람이어야 한다.

물론 말하기는 쉬워도 실행하기는 어렵다. 우리는 항상 무언가를 통제하고 싶어 하기 때문이다. 우리는 항상 이것이 좋고 저것은 나쁘다고 구분한다. 또 좋은 것은 더 많이 원하고 나쁜 것은 차단하려고 한다. 그러나 우리가 이렇게 무언가를 통제하려고 할 때, 우리 내면에 자연스럽게 흘러야 할 것이 흐르지 못하고 한곳에 맺히게 된다. 우리는 그것을 없애려고 노력하지만 그럴수록 오히려 상황은 악화된다. 하지만 이것을 해낼 수 있는 사람만이 결국 미래에 자신의 삶과 운명의 진정한 주인이 될 것이다.

"나는 나의 모든 감정과 생각을 존중한다. 내가 느끼는 모든 감

늘 초조한 당신을 위한 마음 치유 심리학

정과 생각은 그럴 만한 가치가 있다. 나는 이것을 있는 그대로 받아들일 수 있다. 나의 모든 감정과 생각은 나를 보호해 주고 내게 깨달음을 준다. 그래서 나는 아주 안전하다. 나는 내 안의 모든 감정과 생각들이 자연스럽게 흐르도록 놔둘 것이다."

이 문장을 적어 침대 머리맡에 붙여두길 바란다. 매일 잠들기 전과 기상 후 세 번씩 읽으면, 자신을 바둑알에서 바둑을 두는 사람의 위치로 옮겨 하루를 보다 열린 마음으로 맞이하게 될 것이다.

마음 그릇 키우기

당신의 몸과 마음은 하나의 그릇과 같다. 당신이 경험하는 모든 일과 만나는 모든 사람은 당신이 살면서 겪는 경험의 일부이다. 당신에게 주어진 가장 큰 사명은 당신의 몸과 마음에 해당하는 그릇을 깨끗이 비우고, 조금씩 그 크기를 늘려 점점 더 많은 것을 담아내는 것이다. 그런 관점에서 보면 당신에게 일어나는 모든 일이 이 목표를 달성하는 데 도움이 된다고 볼 수 있다.

머릿속에 떠오르는 모든 생각과 감정을 관찰할 때, 아래 세 문장이 당신을 불안하고 부정적으로 만드는 자기 인식에서 벗어나도록 도울 것이다.

첫 번째 문장 : 너구나. 나의   . (긴장, 걱정, 두려움 등 당신이 느끼고 있는 어떤 감정(생각)이든 다 괜찮다)

두 번째 문장 : 네가 나에게   (혹시 모를 위험 또는 주의해야 할 것들 등)을(를) 말하고 있다는 걸 알아.

세 번째 문장 : 알려줘서 고마워. 주의할게. 항상 나를 지켜주고 나와 함께해 줘서 고마워. 네가 있어서 다행이야.

머릿속에 떠오르는 모든 생각과 감정은 당신의 손에 쥐어진 바둑돌이고, 당신 자신은 바둑을 두는 사람으로 바둑판 위의 모든 움직임을 관찰한다. 당신은 모든 바둑돌의 움직임을 한눈에 볼 수 있고, 그 움직임을 주의 깊게 살펴야 한다. 하지만 각각의 바둑돌이 어떻게 움직이든 당신이 직접 개입할 필요는 없다. 지금 당신의 머릿속을 지배하는 어떤 고정 관념이나 인식은 그저 머릿속에 떠오르는 수많은 생각과 감정 중 하나일 뿐이다. 당신이 내면의 여러 가지 생각이나 감정에 휘둘리지 않고 차분하게 자신을 통제할수록, 이전까지 당신의 머릿속을 지배했던 생각이나 믿음이 점점 약해질 것이다. 그 결과 좀 더 유연하게 상황을 받아들이고 다양한 관점에서 문제를 바라볼 수 있게 될 것이다.

늘 초조한 당신을 위한 마음 치유 심리학

따라서 내면의 자기 신념을 지우라는 말은 실제로 그것을 머릿속에서 지워버리라는 것이 아니라, 고정된 신념이나 생각에 얽매이지 말고, 좀 더 유연하게 다양한 생각과 감정을 수용할 수 있도록 마음의 그릇을 키우라는 말이다. 아울러 자신이 무엇을 중요하게 생각하고 어떤 방향으로 나아가고 싶은지, 그리고 자신이 누구인지에 대해 다시 한번 깊이 생각해 보며 이전과는 다른 새로운 시각으로 자신을 바라보고 이해하는 것이다.

이처럼 마음의 크기가 넓어지면 당신은 더 이상 과거의 고정된 자기 신념에 지배당하는 노예가 아니라, 그것을 통제하고 주도하는 주인이 될 수 있다.

홀가분한 마음으로 이끄는 주문

자신이 무언가에 속박되어 있다는 느낌이 들 때, 이렇게 말해 보자!

- 나는 상황에 따라 어떤 역할을 맡을 수도 있지만, 어떤 역할에 얽매이지 않을 수도 있어.
- 나는 그냥 나야. 어떤 평가나 기준으로도 '나'라는 사람을 규정지을 수 없어.
- 나는 좀 더 다양한 나 자신을 탐구하고 싶고, 자유롭게 숨 쉬며 마음껏 즐기며 살고 싶어.
- 이처럼 살아갈 때 생기는 에너지와 활력은 오히려 내 삶을 더 행복하고 풍요롭게 만들어 줄 거야.

늘 초조한 당신을 위한 마음 치유 심리학

자신의 역할을
새롭게 정의하라

부모는 서로 다른 방식으로 자녀의 성장을 돕는다

일반적으로, 엄마는 자녀를 지지하고 돌보며, 함께하는 역할을 맡아 자녀에게 안정감을 제공한다. 그 결과 자녀는 사랑받고 있다고 느낀다. 반면 아빠는 보통 자녀가 나아갈 길을 설정하고, 채찍질하고, 감독하고, 모범을 보이며, 이끌어주는 역할을 맡는다. 아빠는 자신이 맡은 역할을 통해 자녀가 규칙을 따르고 책임감을 배우도록 돕는다.

이 두 역할 중 어느 쪽이 더 낫거나 나쁘다고 말할 수 없다. 둘 다 아이가 성장하고 성숙해지는 과정에서 모두 필요한 역할이기 때문이다. 그러나 실제로 한 가정 내에 엄마나 아빠의 두 가지 역할 중 하나만 존재하고, 나머지 하나는 부재한 경우가 종종 있다.

다음은 예전에 상담을 진행했던 한 여성의 사례다. 당시 그녀는 이혼을 강요받던 상황이었고, 전반적으로 심리 상태가 매우 불안정했다. 그녀가 떠올린 '내면 아이'의 모습은 머리가 헝클어져 있고 얼굴은 더러웠으며, 너덜너덜해진 옷을 입고 온몸을 떨고 있는 작은 소녀였다. 그 소녀는 구석에 웅크리고 앉은 채 일어나려 하지 않았다. 그녀는 자신의 내면 아이를 보고 "정신 차리고 어서 뛰어. 이렇게 있으면 어떡해. 계속 이러고 있으면 다들 널 싫어할 거야!"라고 외쳤다. 그런데 그녀가 말을 마치자 그 작은 소녀는 몰골이 해골처럼 변해버렸고, 소녀의 공허한 눈빛은 등골이 오싹해질 정도로 무서워졌다.

그녀에게 무엇보다 필요한 것은 엄마의 역할이 주는 격려와 지지였다. 그러나 성장 과정에서 엄마의 역할이 부재했기 때문에 그녀는 자신을 따뜻하게 대하는 법을 배우지 못했다. 그래서 그녀는 내면 아이를 대할 때도 아버지의 역할로 다가갈 수밖에 없었다.

어찌 보면 엄마의 역할과 아빠의 역할은 사람의 두 다리와 같다. 아이는 부모가 각자의 역할을 잘 수행하고 서로의 역할을 존중하며 협력하는 건강한 가정에서 자라야 한다. 그래야만 아이가 엄마에게서 얻는 에너지(사랑과 지지)와 아빠에게서 얻는 에너지(도

　　　　늘 초조한 당신을 위한 마음 치유 심리학

전 의식과 책임감)를 잘 활용하여 더 나은 자아를 형성하고 자신의 성장을 이룰 수 있다. 반대로 아이가 이 두 가지 중 한 가지 역할만 경험하게 된다면 아이의 성장과 발달에 문제가 생긴다.

따라서 아이가 정신적으로 건강하게 성장하려면 다음 두 가지가 충족되어야 한다.

1. 부모가 각자의 역할을 잘 수행할 것
2. 부모가 화목하게 지낼 것

첫 번째 조건만 충족되고 두 번째 조건은 충족되지 않는 경우는 사실상 존재하지 않는다. 부모의 관계가 좋지 않으면 부모가 각자의 역할을 하는 데도 영향을 미치기 때문이다. 실제로 삶이 순탄치 못한 이들을 보면, 부모가 각자의 역할을 잘 수행하지 못했거나 화목하게 지내지 못한 경우가 많다.

어릴 때 주 양육자가 자녀를 대했던 방식은 훗날 자녀가 커서 자기 자신을 대하는 방식으로 이어지게 된다. 그리고 이것이 우리의 사고 및 행동 방식을 결정하는 역할을 하게 된다. 이러한 인과 관계는 미래에 자신의 배우자나 주변 사람들을 대하는 방식에까지 영향을 미쳐 새로운 결과를 초래한다.

과거는 이미 지나갔으니 더는 따지거나 매달리지 말자. 중요한 건 '지금 현재 우리가 자신을 어떻게 대하느냐'이다. 과거 경험에서 습득한 사고와 행동의 틀을 바꾸기만 하면, 우리의 미래도 달라질 수 있다.

과거의 사고와 행동의 틀은 어떻게 바꿀 수 있을까

첫째, 자기 평가를 해야 한다. 성장하면서 경험한 엄마의 역할과 아빠의 역할에 각각 몇 점을 줄 수 있는지 생각해 보자. 점수가 낮은 쪽은 자신이 중점적으로 보완하고 채워야 하는 부분이고, 점수가 높은 쪽은 굳이 바꿀 필요가 없다고 생각하면 된다.

다만, 자신을 개선할 때 부족한 점을 없애기보다는, 긍정적인 면을 더하는 방식으로 나아가야 한다. 자신의 어떤 특성을 없애려고 하면 오히려 내면에서 새로운 거부감과 반발이 생길 수 있다.

둘째, '습관적으로 행동하는 상태'에서 '내가 무슨 행동을 하고 있는지 인식하는 상태'로 바뀌어야 한다. 그러려면 자신의 감정과 반응이 언제 어떻게 일어나는지 알아차리는 연습을 해야 한다. 이 연습이 되지 않으면 무의식적으로 행동하게 되는데, 이때의 당신은 바둑판 위의 바둑알이나 다름없다. 그런데 만일 자신의 감정과 반응이 왜 일어난 것인지 깨닫게 된다면, 이때의 당신은 바둑판 위의 바둑알에서 '바둑을 두는 사람'으로 성장하게 된다.

예를 들어 다른 사람이 자신의 의견에 반박할 때마다 무의식적으로 화가 나고, 상대를 설득해서 자신의 생각을 관철시키려고 한다고 해 보자. 당신은 마치 어떤 알 수 없는 힘에 따라 움직이는 것처럼 느껴질 것이다. 이 순간, 당신은 바둑판 위의 바둑알과 같은 상태이기 때문이다. 그런데 다른 사람이 당신의 의견에 반대해서 '저 사람은 나를 인정하지 않네. 내가 부족한 건가.'라는 생각이 들었을 때, 이런 생각이 왜 드는지 그리고 그 생각이 어떻게 나의 행동에 영향을 미치는지를 인식한다면 당신은 더 이상 상대의 말에 휘둘리는 존재가 아니라 그 상황을 주도하는 위치에 서게 된다.

물론 무의식적으로 반복되는 행동 패턴을 의식적으로 변화시키는 것은 아주 복잡한 과정이다. 마음속에 어떤 감정이 일어날 때 그 이유를 알아내고 싶다면 우선 다음 세 가지 질문을 던져보자.

1. 지금 이 순간 내가 어떤 감정을 느끼는지 알고 있는가?
2. 내가 이렇게 행동하는 목적이 무엇인지 알고 있는가?
3. 내가 이렇게 하는 것이 정말로 내가 원하는 결과를 가져올까?

예를 들어보자. 나는 저 사람이 나를 인정하지 않는다는 것을 안다. 그래서 불안하고 긴장된다. 나는 부정당하거나 버려질까 봐 두렵다. 나는 그 사람에게 인정받고, 존중받고, 관심받고 싶어서 그 사람을 계속 설득한다. 하지만 내가 그를 계속 설득하려고 할 때마다 오히려 상대는 자신이 강요받고 부정당하고 있다는 느낌을 받아 나와 함께 있는 것을 불편해한다. 결국 우리 사이의 갈등은 더 많아진다.

이 과정은 마치 확대경으로 자신의 어떤 행동을 고배율로 확대에서 관찰하고 연구한 다음, 의식적으로 그 행동을 개선하려는 노력과 같다. 이 순간 변화의 주도권은 당신 손에 있는 것이나 다름없다. 더 이상 주변 상황에 휘둘리지 않고 자신을 통제할 수 있는 자유를 얻게 되는 것이다.

누구든 가정환경에 영향을 받을 수 있다. 하지만, 그것이 당신의 인생을 결정짓지는 않는다. 당신이 마음만 먹는다면 자신의 인생을 주도할 수 있는 자유를 얻게 된다는 것을 기억하길 바란다.

늘 초조한 당신을 위한 마음 치유 심리학

홀가분한 마음으로 이끄는 주문

정신적으로 지쳤거나 힘이 없다는 느낌이 들 때, 이렇게 말해 보자!

나는 내가 지쳤다는 것을 알아. 지금 내 마음은 텅 비어 있어.

내 마음은 에너지 충전이 필요해. 내 마음에 에너지를 채워줄 수 있는 것을 찾아야겠어.

나한테는 내가 제일 중요해. 내가 괜찮아야 다른 것도 괜찮아져.

잠시 나 자신에게 충전할 시간을 주자. 나 자신을 사랑하자.

말과 생각이
태도와 에너지를 결정한다

자신에게 하는 말이 무서운 주문이 된다

마음속에 이런 소리가 들릴 때가 있을 것이다.

'나는 왜 이렇게 형편없는 걸까? 나는 왜 잘하는 게 아무것도 없
을까? 다른 사람이 나를 비웃지 않을까? 나란 사람은 괜찮은 사
람일까?'

이처럼 다른 사람은 듣지 못하는 생각이 바로 내면의 목소리다.
배경음악이 공간의 분위기를 변화시키는 것처럼, 내면의 목소
리도 우리의 감정과 기분에 영향을 준다. 예를 들어 재미있는 이야

기를 들으면 기분이 좋아지고, 무서운 이야기를 들으면 두려운 마음이 드는 것과 같은 이치다. 내면의 목소리는 마치 하루 종일 우리 귓가에 재생되는 라디오와 비슷하다. 이 라디오에서 어떤 목소리가 흘러나오느냐에 따라 우리가 느끼는 감정이나 기분도 달라진다.

내게 상담을 받았던 한 의뢰인은 무대 공포증이 있었다. 그는 사람들 앞에서 발표할 때마다 이런저런 이유를 대며 도망쳤다. 발표를 앞둔 순간 그의 마음속에서는 마치 공포 영화를 틀어놓은 듯한 분위기의 목소리가 울려 퍼졌다.

'너는 엉망진창으로 발표할걸? 아무도 너를 인정하지 않을 거야. 사람들이 다 너를 비웃을 거야. 너는 할 수 없어. 그냥 포기해. 누가 해도 너보다는 잘할 거야.'

이러한 목소리는 그가 발표하기 며칠 전부터 마음속에서 계속 울려 퍼졌다. 그러다 보니 그는 자신에 대한 의심이 점점 더 커졌고, 결국 발표를 포기하게 되었다. 그는 내면의 목소리에 겁을 먹는 바람에 좋은 기회를 놓치고 말았다. 그뿐만 아니라 자기 능력을 잘 발휘할 수 있는 자리에서도 자신감을 잃게 되었다.

그렇다면 그가 해야 할 일은 무엇일까? 바로 자신의 생각과 감정에 영향을 주는 라디오, 즉 '내면의 목소리'의 주파수를 바꿔야 한다.

'내면의 목소리'의 주파수를 바꿔라

어떤 특정 주파수에 속하는 내면의 목소리에 영향을 받지 않으려면, 다음 세 가지 훈련을 꾸준히 반복해야 한다.

1. 내면의 목소리를 듣는 훈련

이 훈련의 전제 조건은 내면의 목소리와 자신을 구분하는 것이다. 목소리는 목소리일 뿐이고, 나는 나라고 인식하는 것이 중요하다. 우리 내면의 목소리는 타고난 것이 아니라, 성장 과정에서 반복적으로 들었던 타인의 말들을 나의 감정이 기억해 내는 소리다. 이처럼 과거의 기억은 현재의 생각과 감정에까지 영향을 미친다.

우리는 먼저 후천적으로 생긴 부정적인 내면의 목소리를 찾아 그것을 자신과 분리해야 한다. 땅콩과 옥수수 알을 구분하듯이, 부정적인 목소리가 말하려는 메시지를 인식하고 본래의 자신과 구별할 수 있어야 한다.

이 과정에서 당신을 방해하는 것이 있다. 당신의 내면에 자리 잡

늘 초조한 당신을 위한 마음 치유 심리학

은 어떤 특정한 믿음이다. 이는 부정적인 내면의 목소리가 진짜 자신이라고 인식하게 만든다. 그 결과 당신은 부정적인 내면의 목소리가 사실이라고 믿게 되고, 그럴수록 타인이 심어준 부정적인 생각에 계속 빠져들게 된다. 이것이 바로 감정에 매몰되는 과정이다.

내면의 목소리를 듣는 훈련은 우리가 감정을 먼저 처리할 수 있도록 도와준다. 그렇지 않을 경우, 특정 상황을 떠올릴 때마다 감정에 매몰될 수 있다. 그러면 감정을 정리하는 데만 많은 시간과 에너지를 써야 하기 때문에 다른 일에 신경 쓸 겨를이 없다.

듣기 훈련의 방법은 매우 간단하다. 휴대전화의 메모장을 열고 '자극원', '감정', '생각' 이 세 가지를 기록하면 된다.

여기서 '자극원'은 외부에서 발생한 사건을 의미한다. '감정'은 해당 사건을 경험하며 느끼는 감정으로 불안, 걱정, 두려움, 긴장, 흥분, 좌절 등으로 표현하면 된다. 마지막 '생각'은 그 순간 당신의 마음속에 떠오른 여러 생각이다.

이 세 가지를 정기적으로 기록해 보면서 자신의 생각을 듣는 훈련과 자신이 특정 상황에서 어떤 감정을 느끼는지 세밀하게 인식하는 훈련을 해 볼 수 있다. 또한 기록한 내용을 매주 회고하면 일정한 패턴이나 규칙을 발견할 수 있다. 예를 들어 자신이 특정 사건이나 사람 앞에서 자주 느끼는 감정과 생각이 반복되는 경향을 찾아낼 수 있다. 이는 내면 깊은 곳에 있는 자기 신념이거나 트라우마일 가능성이 높다.

2. 내면의 목소리가 재생되는 라디오 끄기

듣기 훈련이 익숙해졌다면, 이제 내면의 목소리를 끄는 연습을 시작해 보자. 마음속에 떠오르는 감정이나 생각이 자신에게 영향을 미치지 않도록, 이러한 소리에서 자신을 분리하는 방법을 알아야 한다.

여기서 주의해야 할 점은 또 다른 자책과 후회에 빠지지 않는 것이다. 예를 들어, 자신이 부정적인 생각에 또 빠졌다고 인지했을 때, '아직도 왜 이런 생각을 하고 있지? 나는 정말 구제 불능인가? 나는 왜 내 마음조차 제대로 다스리지 못하는 걸까?'와 같은 자책을 하게 될 수 있다. 이는 자신을 또 다른 전쟁터로 몰아넣는 것이나 다름없다. 그래서 이 연습을 할 때 반드시 기억해야 할 네 가지 원칙이 있다.

첫째, 자신을 자책하지 않기. 둘째, 자기 부정하지 않기. 셋째, 자신에게 따뜻한 목소리로 "부정적인 생각이 나를 또 찾아왔어"라고 알려주기. 넷째, 지금 자신의 마음을 어지럽히는 생각에서 벗어나 다른 활동에 집중하기. 예를 들어 차를 끓이거나 책을 읽거나 산책을 하는 등 소소한 일상에 몰두하기다. 행동은 감정과 생각을

늘 초조한 당신을 위한 마음 치유 심리학

빠르게 차단하는 가장 효과적인 방법임을 기억해라.

자신의 생각과 감정을 어지럽혀 온 내면의 목소리를 끄는 연습에 익숙해졌다면, 지금부터는 새로운 내면의 목소리를 듣는 연습을 시작해야 한다.

3. 내면의 에너지를 채우기 위해 자신을 격려하기

한 사람의 정신적, 감정적, 신체적 에너지를 높이는 가장 효과적인 방법은 자신을 격려하는 것이다. 이 말은 자신을 격려해 주는 긍정적인 내면의 목소리에 집중하라는 의미다. 이러한 접근은 나 자신뿐 아니라 주변 다른 사람들에게도 긍정적인 영향을 미칠 수 있다.

자신을 격려하기 위해서는 '긍정적인 눈'과 '칭찬하는 말'을 연습해야 한다. 매일 자신이 한 일 중에서 특히 잘한 부분을 찾아보고, 내가 가장 좋아하는 내 모습이 무엇인지 인식하여 자신을 긍정적으로 인정하고 격려하는 것이 중요하다. 예를 들어 당신이 다른 사람들이 해결하지 못한 어려움을 극복했거나, 잘하지는 않았지만 도전한 일을 성공적으로 마쳤을 때를 떠올려보라. 이때 당신은 "저는 특별한 장점 없이 아주 평범해요. 칭찬받을 만한 점이 없어요."라고 말할지도 모른다.

그래서 이런 당신을 위해 '칭찬 목록'을 준비했다. 이 칭찬 목록은 자신을 칭찬하는 데 사용해도 되고, 다른 사람을 칭찬할 때 사용해도 된다. 이 목록을 참고하여 매일 자신을 격려하고 칭찬해 보자. 그러다 보면 분명 자신에게 맞는 격려 방법을 찾을 수 있을 것이다.

칭찬 목록

1. 책임감 : 힘들고 어려워도 포기하거나 좌절하지 않고 씩씩하게 이겨낸다.

2. 끈기 : 압박감이 큰 상황에서도 자신이 처한 상황을 방치하지 않고 적극적으로 대응한다.

3. 용기 : 실패나 좌절을 겪어도 다시 일어나 자신을 격려하며 포기하지 않는다.

4. 태도 : 사소한 일에도 성실하고 꼼꼼하게 임한다.

5. 해석 : 항상 긍정적인 관점에서 사람과 일을 바라보며, 나쁜 의도로 해석하지 않는다.

6. 의도 : 모든 일에 좋은 의도를 가지고 접근하며, 다른 이를 해치려는 생각은 하지 않는다.

늘 초조한 당신을 위한 마음 치유 심리학

7. 실행력 : 마음먹은 일이나 하고 싶은 일을 적극적으로 실행한다.

---

8. 사고력 : 문제를 다양한 각도에서 깊이 있게 분석하고 고민한다.

---

9. 주관 : 자신의 생각을 분명히 알고 있으며, 다른 사람의 의견에 휘둘리지 않는다.

---

10. 도전정신 : 편안함에 안주하지 않고 새로운 도전을 적극적으로 시도한다.

이 칭찬 목록이 당신에게 에너지를 불어넣는 계기가 될 것이다. 당신의 머릿속에 떠오르는 말들이 당신의 에너지를 소모하는지, 아니면 에너지를 채워주는지 유심히 살펴보길 바란다. 자기 내면의 목소리를 통제할 수 있는 사람이 자신의 삶을 주도할 수 있다는 점을 잊지 말자.

자신을 격려해 주고 싶을 때,
이렇게 말해 보자!

- 나는 내 생각과 목소리를 들을 수 있기 때문에, 내가 원하는 것이 무엇인지 점점 알게 될 거야.

- 무슨 일이 일어나도 나는 포기하지 않고 계속 노력할 거야. 나는 내가 자랑스러워.

- 이런 나는 충분히 가치 있는 존재이고, 사랑받을 만한 사람이야. 나는 어쩜 이렇게 대단할까!

자신에게 붙여진
부정적인 꼬리표 떼기

사람은 저마다 여러 개의 꼬리표를 가지고 있다. 이 꼬리표는 대개 과거에 누군가가 우리를 어떻게 평가했는지를 나타낸다. 또 여기에는 우리가 앞으로 어떻게 행동했으면 하는 기대도 내포하고 있다. 많은 이가 자신에게 붙은 부정적인 꼬리표를 의식하고 이를 떼어 내려고 애쓰지만, 그럴수록 오히려 그 꼬리표는 마음속의 악몽이 되어 버린다.

한 여성 의뢰인이 자신의 경험을 나에게 들려주었다. 그녀는 자신이 이끄는 팀이 매년 최고의 성과를 달성했음에도 불구하고, 팀내 부하 직원들이 모두 자신을 좋아하지 않는다고 했다. 심지어 팀원들끼리 몰래 자신이 너무 강압적이라서 힘들다는 험담을 나눴다고 말했다. 그녀가 강압적이라고 생각하는 사람은 팀원들뿐만이 아니었다. 그녀의 가족들조차 그녀를 강압적인 사람으로 생각했다. 그래서 가족 모임에 그녀가 있을 때는 분위기가 어색해지고, 그녀가 없을 때는 편안해진다고 했다.

그녀는 이 강압적인 이미지를 벗어던지고 싶어 내게 상담을 요청했다. 강압적인 이미지는 어느새 그녀의 인생에서 오점이 되어 아무리 지우려 해도 사라지지 않았다. 이제는 그녀 자신조차 이런 모습을 싫어했다. 그녀는 이제 어떻게 해야 할까?

자신에게 붙은 꼬리표 재해석하기

우리는 종종 싫어하는 것을 더 자주 생각하게 된다. 그런데 싫어하는 꼬리표에 계속 주의를 기울이면 그 꼬리표는 더욱 강렬한 인상으로 남게 된다. 따라서 꼬리표 자체를 완전히 없애려고 하기보다는 부정적인 꼬리표를 긍정적인 꼬리표로 전환하려는 노력이 필요하다.

앞에서 언급한 '선인장 이야기'를 다시 떠올려보자. 선인장의 가시는 어떤 면에서 우리가 가진 꼬리표와 비슷하다. 이 꼬리표는 과거에 우리에게 도움이 됐을 수도 있다. 그리고 그 꼬리표가 없었다면 우리의 인생은 더 힘들었을 것이다. 그러므로 시간이 지나 이제

　　　　　　늘 초조한 당신을 위한 마음 치유 심리학

더 이상 그 꼬리표가 필요하지 않다고 해도, 그것을 자신의 흠으로 여겨서는 안 된다.

부정적인 꼬리표 뒤에는 남들은 잘 모르는 어떤 사연이 숨겨져 있다. 당신은 마음의 소리를 들어본 적이 있는가? 당신이 싫어하는 '나쁜 꼬리표'가 어떤 과거의 경험에서 비롯된 것인지 이해해 본 적이 있는가? 이것이 바로 부정적인 꼬리표를 새로운 시각으로 바라보고, 그것이 어떻게 자신의 생존에 도움이 되었는지, 어떤 긍정적인 역할을 했는지를 깨닫는 과정이다. 여기서 당신이 가장 먼저 해야 할 일은 '나쁜 꼬리표'가 생긴 배경과 이유를 이해하고, 그로 인해 배운 점과 성장한 부분을 인정하는 것이다. 그다음에는 그 가치를 활용하여 자신의 삶을 더 긍정적으로 변화시켜야 한다.

지금 바로 이 질문을 고민해 보길 바란다. 종이 한 장을 꺼내 당신이 가장 싫어하는 세 가지 꼬리표를 적어보자. 그리고 자신에게 다음의 질문을 던져라.

이 꼬리표가 나에게 가져다준 가치는 무엇인가?
그것은 내게 어떤 도움이 되었는가?
그로 인해 나는 어떤 문제를 피할 수 있었나?

성가신 꼬리표는 왜 붙었을까?

꼬리표에는 당신의 행동이 반영되어 있는 동시에, 그것을 붙인 사람의 기대나 요구도 담겨있다.

간단한 예를 들어보자. 엄마가 항상 아이에게 "너는 왜 그렇게 이기적이니? 너 때문에 너무 힘들어!"라고 말한다고 가정해 보자. 여기서 엄마는 아이에게 '이기적'이라는 꼬리표를 붙이고 있다. 이 꼬리표에는 두 가지 메시지가 담겨있다. 바로 '엄마가 지적한 아이의 행동'과 '엄마가 아이에게 바라는 것', 즉 아이가 좀 더 배려심 있게 행동하기를 바라는 마음이다.

꼬리표에 담긴 두 가지 메시지

나의 행동   다른 사람의 기대나 요구

따라서 다른 사람이 당신에게 어떤 꼬리표를 붙였다면 이렇게 이해하면 된다. 상대가 당신에게 무언가를 바라거나 요구하고 싶은 것이 있지만, 자신의 기대와 요구를 명확하게 표현하지 못해 그 책임을 당신에게 전하고 있는 것일 수도 있다.

만약 엄마가 아이에게 "너는 참 좋은 아이야. 엄마는 너를 정말 자랑스럽게 생각한단다. 그런데 엄마도 가끔은 너무 피곤해서 쉬고 싶어. 네가 엄마를 위해 조금 도와줄 수 있겠니?"라고 말한다면 상황은 긍정적으로 변할 수 있다. 여기서 엄마는 아이에게 자신의 감정과 요구 사항을 분명하게 전달하고 있다. 그녀는 자신이 필요한 것을 솔직하게 인정하며, 자신의 현재 상태와 감정을 표현하고 있다. 또한 아이에게 그 요청을 받아들일지 선택할 자유를 주고, 만약 아이가 그 요청을 거부하더라도 아이를 부정적으로 평가하지 않겠다는 의사를 표현하고 있다. 이러한 방식의 상호작용은 상대를 통제한다는 느낌을 줄여 준다.

그러니 당신이 꼭 기억해야 할 것이 있다. 누군가 당신에게 꼬리표를 붙였을 때 그것은 당신이 부족하거나 나쁘다는 것을 의미하지 않는다. 단지 당신의 어떤 행동이 상대의 기대나 요구를 충족시키지 못했기 때문이며, 상대가 자신의 요구사항을 말로 표현하기 어려워서 꼬리표를 통해 간접적으로 표현한 것일 뿐이다.

꼬리표는 단순히 어떤 메시지를 전달하는 역할을 할 뿐, 당신의 자존감을 해치기 위한 것이 아니다. 꼬리표의 의미를 긍정적으로 해석하면 자신을 비하하는 감정에 빠지지 않을 수 있다.

이를 위해서는 '나 ≠ 나의 행동'라는 점을 기억해야 한다. 만약 당신이 한 그루의 큰 나무라면 당신의 행동은 나뭇잎에 해당한다. 다른 사람이 당신에게 어떤 꼬리표를 붙였다면 이는 어떤 나뭇잎에 영양분을 더 보충해야 한다는 것을 의미할 뿐, 나무 전체가 시들었다는 것을 의미하지 않는다.

요약하자면 꼬리표는 당신이 경험한 일 중 하나에 불과하며, 다른 사람들이 자신의 기준으로 판단한 당신의 일부분일 뿐이다. 따라서 꼬리표가 당신의 전부를 대변하지는 않는다는 사실을 명심해야 한다.

생각과 행동을 제한하는 꼬리표를 바꿔라

앞서 우리는 꼬리표가 자신의 모든 것을 대변하지 않으며, 그 안에는 상대방의 기대와 요구가 반영되어 있다는 점을 알게 되었다. 그리고 이 인식을 바탕으로 꼬리표에 대한 부정적인 생각을 바꾸기가 훨씬 수월해졌다. 지금부터 제안하는 방법은 꼬리표로 인한 생각과 행동의 제한에서 벗어날 수 있도록 도와줄 것이다.

1단계: 생각과 행동을 제한하는 꼬리표 찾기

자신의 생각과 행동을 제한하는 꼬리표를 찾아내라. 각 꼬리표를 메모지에 적은 뒤 그것을 항상 가지고 다녀라. 자신이 어떤 행동을 하거나 어떤 결정을 내릴 때마다 그 꼬리표들이 어떻게 당신을 억누르거나 구속하는지 느껴보자.

2단계 : 꼬리표의 출처 찾기

당신에게 꼬리표를 붙여준 사람은 누구인가? 엄마나 아빠? 선생님 아니면 형제자매?

정리하자면 당신에게 가장 많은 꼬리표를 붙인 사람은 당신의 에너지를 가장 많이 소모한 사람이다. 이러한 사람과의 관계는 앞으로 당신이 주의 깊게 다루고 개선해야 할 것이다.

3단계 : 상대가 붙인 꼬리표의 목적 생각하기

꼬리표는 사실상 당신이 다른 사람들에게 어떻게 인식되고 있는지 보여주는 거울과 같다. 당신이 꼬리표 뒤에 숨겨진 상대의 의도와 목적, 요구사항을 이해하고 받아들인다면, 이를 계기로 자신을 더욱 성숙하고 강하게 만드는 기회로 삼을 수 있다.

사람은 누구나 개인적인 목적을 가지고 말한다. 따라서 상대방의 의견을 절대적으로 받아들일 필요는 없으며, 당신에 대한 평가나 꼬리표에 너무 많은 의미를 부여할 필요도 없다. 한 걸음 물러서서 상대가 왜 당신에게 이런 꼬리표를 붙였는지, 왜 그런 말을 했는지 객관적으로 고민해 보자. 다른 사람들을 특별하거나 뛰어난 존재로 보지 말고 그냥 평범한 사람으로 여겨라. 그들의 의견이나 평가에 휘둘리지 않도록 말이다. 그럼 당신은 자신의 삶에서 다시 주도적인 역할을 갖게 되고, 이를 통해 삶의 주인이 될 수 있다.

홀가분한 마음으로 이끄는 주문

자신의 격을 높이고 싶을 때, 이렇게 말해 보자!

- 나는 넓은 바다처럼 무한한 잠재력을 가지고 있어. 나는 그 잠재력을 발견하기만을 기다리고 있어.
- 다른 사람들이 보는 나는 나의 일부일 뿐, 내 모든 것은 아니야.
- 내가 나 자신을 소중히 대할 때, 내 모든 잠재력은 자연스럽게 흘러나올 거야.
- 나 자신을 잘 돌보는 것이 내 인생에서 가장 중요한 일이야. 지금 내가 나를 위해 무엇을 할 수 있을지 생각해 봐야겠어.

늘 초조한 당신을 위한 마음 치유 심리학

에너지를 소모하는 관계
끝내는 법

나와 내 주변 사람은 본질적으로 서로 다른 관점을 가지고 있다. 이를 비유적으로 표현하자면, 나와 그들은 처음부터 강의 두 반대편에 서 있는 것이다. 그래서 우리는 서로 연결을 맺어야만 상대를 내 쪽으로 끌어올 수 있으며, 비로소 같은 파장을 느낄 수 있다. 이 말은 즉, 상대방과 내가 서로 이해하는 과정을 통해 서로의 차이를 좁혀야만, 진정한 공감대를 형성할 수 있다는 뜻이다.

하지만 같은 공감대를 갖는 것은 결코 쉬운 일이 아니다. 많은 사람이 오랜 시간 함께해도 서로를 제대로 이해하지 못하고, 상대방을 자신의 방향으로 끌어오려고만 한다. 그렇게 서로 상대방의 입장은 보지 않으려고 하니, 결국 양쪽 모두 지치고 감정만 소모될 뿐이다.

관계의 대립각으로 인한 에너지 소모

부모는 자녀가 성인이 되면 서둘러 반려자를 만나 결혼하고 안정된 생활을 하기를 원한다. 그러나 자녀는 자신의 인생을 결혼이라는 제도에 서둘러 묶고 싶지 않아 한다.

부모는 자녀가 자신들의 염려를 이해해 주길 바라고, 가능한 잠재적인 위험을 피할 수 있도록 돕고 싶다. 하지만 이러한 부모의 사랑이 자녀에게는 인생이 통제되고 숨 막히는 느낌으로 다가올 수 있다. 그러면 자녀는 수동적으로 행동하거나 무성의한 태도를 보이거나 부모의 통제에 저항한다. 그리고 부모는 이런 자녀의 태도를 '무책임하고 무능력하다'고 해석한다. 이 사례가 바로 부모와 자녀가 서로 다른 입장에서 서로의 관점을 이해하지 못하고 대립하는 상황이다.

사람은 누구나 인간관계에서 다양한 갈등을 겪는다. 그 상대는 자녀나 배우자일 수 있고, 친구나 동료일 수도 있다.

누군가와 함께 있을 때 편안함을 느낀다면, 그 관계는 당신에게 힘을 주고 성장을 돕는 긍정적인 관계다. 반면 인간관계에서 갈등을 빚은 후 누구와도 편히 지내지 못하고 점점 고립되어 간다면, 이는 당신이 잘못된 방향으로 가고 있다는 신호일 수 있다. 인간은 본질적으로 사회적 동물이기 때문이다.

늘 초조한 당신을 위한 마음 치유 심리학

그런데 때로는 자신이 무의식적으로 한 행동과 말이 상대방과의 관계에서 의도치 않게 대립을 일으키고, 이로 인해 인간관계에서 스트레스를 느끼는 경우가 많다. 또한 자신을 적절히 보호하지 못하면 감정이 고조되어 상대방도 강하게 반응할 수 있다. 이러한 상황에서 상대방은 자신을 방어하기 위해 당신에게 더 큰 상처를 주는 행동을 하게 되고, 이에 당신도 더 격한 표현으로 반격하게 된다. 결국 그 관계는 서로의 에너지를 지속적으로 소모하며 개선되지 않고 악화 일로를 걷게 된다.

또래 관계에서도 때로는 불편함이 발생할 수 있다. 예를 들어 친구 A와 B는 자주 함께 쇼핑하고, 서로의 어려움을 털어놓으며 스트레스를 해소한다. 그러나 두 사람 사이에도 간혹 불화가 생길 때가 있다. 특히 생활 습관이 정반대일 때 그렇다. 친구 A는 친구 B의 집에 갈 때마다 자기 집인 것처럼 물건을 함부로 뒤지고 어지럽혔으며 정리도 하지 않았다. 그러다 보니 친구 B는 큰 스트레스를 받았지만, 관계가 어색해질까 봐 지적하기를 주저했다. 하지만 말을 하지 않고 매번 참으며 혼자 정리하는 것도 큰 부담으로 느껴졌다. 만약 이런 상황이 계속된다면 친구 B는 심각한 정신적 스트레스에 빠지게 될 것이다.

그렇다면 이런 상황에서 친구 B는 어떻게 행동해야 할까?

소모성 관계에 반드시 필요한 세 가지

지금부터 이 세 가지 핵심을 이해하면 서로를 지치게 만드는 관계를 끝낼 수 있게 될 것이다.

첫 번째, 자신의 생각을 명확하게 표현해야 한다. 우리 각자에게는 다양한 욕구가 있지만, 모든 욕구가 반드시 충족될 필요는 없다. 우리는 중요한 욕구와 그렇지 않은 욕구를 구분할 줄 알아야 한다. 자신이 원하는 것을 정확히 파악하고 이를 위해 제일 먼저 노력해야 할 사람은 바로 '자기 자신'이다. 따라서 자신이 무엇을 필요로 하며, 어떤 것이 반드시 충족되어야 할 중요한 욕구인지, 그리고 무엇이 상대적으로 덜 중요한 욕구인지를 명확히 인식해야 한다. 그래야만 다른 사람들과의 관계에서 자신의 요구를 분명하게 전달할 수 있으며 불필요한 오해를 피할 수 있다.

위 이야기 속 친구 A를 예로 들어보자. 어쩌면 그녀는 자기 집에서도 비슷하게 주변을 어지럽히는 습관이 있을 것이다. 그저 친구 B를 매우 편하게 여겨 친구 사이에 지켜야 할 예의를 잊고 그런 행동을 한 것일지도 모른다. 이를 통해 배울 점은 상대방의 의도나 상황을 정확히 모르는 경우, 열린 마음으로 상대를 이해하려고 노력해야 한다는 것이다. 섣부르게 판단하거나 선입견을 품지 말고, 상대방의 말을 있는 그대로 받아들이며 이해하려는 자세가 중요하다.

두 번째, 감정을 공유해야 한다. 좋은 감정 공유는 자신의 솔직한 감정을 정확하고 명확하게 표현하는 것이다. 이를 위해 먼저 자신의 감정을 충분히 이해하는 것이 중요하다. 현재 자신이 느끼고 있는 감정과 자신이 가장 원하는 것이 무엇인지를 명확히 파악해야 한다. 이러한 자각을 통해 자신의 감정과 욕구를 잘 관리할 수 있어야 한다. 그러면 좋은 공유를 통해 자신이 진정으로 필요한 것을 더 많이 얻을 수 있다.

예를 들어, 물건을 함부로 뒤지는 친구 A에게 친구 B는 다음과 같이 자신의 감정을 표현하면 된다.

"나는 너를 허물없이 이야기할 수 있는 좋은 친구라고 생각해. 그래서 지금의 좋은 관계를 어그러트리고 싶지 않아서 나의 솔직한 감정을 너와 나누었으면 해. 네가 내 물건을 함부로 뒤지는 행동이 나는 불편해. 네가 이 부분을 조금 더 신경 써 주었으면 좋겠어."

세 번째, 응답해야 한다. 좋은 응답을 하려면 먼저 상대방의 말을 잘 듣고 이해해야 한다. 상대방이 하는 말의 요지를 이해하지 못하면 적절하고 명확하게 응답할 수 없다. 물론 응답을 잘하려면 감정을 잘 다룰 줄 알아야 한다. 나는 상대방의 감정을 이해했는가?

상대방이 왜 그런 감정을 느꼈는지 분석했는가? 상대방이 정말로 무엇을 원하는지 이해했는가? 이처럼 상대방의 감정을 이해한 뒤, 그를 바탕으로 자신의 감정을 표현하는 것이 좋은 응답이다.

관계는 상대방의 마음과 내 마음이 어우러져야 아름답게 유지될 수 있다. 서로의 마음이 조화를 이룰 때 그 관계는 비로소 아름다운 선율이 되어 서로의 마음을 보듬어 줄 수 있다.

홀가분한 마음으로 이끄는 주문

인간관계 때문에 지칠 때, 이렇게 말해 보자!

- 너무 애쓰지 않아도 돼. 시간이 흐르다 보면 자연스럽게 괜찮아질 거야.
- 내가 해야 할 일을 잘하면 돼.
- 내가 가진 에너지의 50%는 일을 할 때 사용하고, 나머지 50%는 나 자신을 돌보는 데 쓰겠어.
- 내 마음속에 기쁨이 있다면, 어떤 문제든 즐겁고 긍정적으로 처리할 수 있어.
- 천천히, 더 천천히 해도 괜찮아. 나는 할 수 있어.

늘 조조한 당신을 위한 마음 치유 심리학

4장.

삶의 진정한 아름다움은 부드럽고 유연한 마음

모든 사람은 같은 세상에서 살지만, 느끼고 경험하는 것은 개인마다 다르다. 그 이유는 각자의 마음 상태가 다르기 때문이다. 우리는 각자 마음속에 결핍을 가지고 있다. 어떤 이들은 자신을 기쁘게 하는 방법으로 그 결핍을 채워나가는데, 정신적으로, 감정적으로 안정될수록 그들은 자신이 나아갈 목표와 방향을 향해 더 빠르게 앞으로 나아간다.

또한 이러한 상태는 주변 상황에 더 유연하고 능숙하게 대응할 수 있게 한다. 평소 모든 행동에서 여유로움이 묻어나는 사람들은 이런 과정을 통해 자신을 이해하고, 진정한 '나'로 살아간다.

이번 장에 나오는 내용을 숙지한 후 직장에서, 인간관계에서, 가정에서 함께 실천해 보자! 남에게 나를 맞추느라 고민하지 말고, 불필요한 고민으로 자신을 괴롭히지도, 자신을 억울하게 만들지도 않는 내가 되어보자.

내 존재의 가치를
남이 정하게 두지 마라

남에게 나를 맞추려는 행동의 본질은 '의존'이다

"내가 너한테 맞출게"라는 말은 "나는 너한테 의존할거야"라는 뜻으로 해석될 수 있다. 의존이 나쁜 것일까? 꼭 그렇지는 않다. 사실 다른 사람에게 의존하는 것은 상당한 용기가 필요한 행동이다. 의존한다는 것은 자신의 생명, 미래의 방향, 그리고 인생의 중요한 결정들을 다른 사람에게 맡기고, 그 사람을 자신의 심판관으로 만드는 것이기 때문이다.

이렇게 중요한 것들을 다른 사람에게 맡길 때 발생할 수 있는 위험과 대가를 고려하지 않는다면, 그것은 도박이나 다름없다. 한 사람의 인생을 한 폭의 그림에 비유한다면, 타인에게 자신을 맞추려는 사람은 내 인생의 그림을 타인에게 붓을 주어 그리라고 넘겨주고, 그 사람의 손길에 자신의 인생을 맡기는 것과 같다.

다른 사람에게 맞추려고 애쓰는 사람들에게는 한 가지 공통점이 있다. 그들 대부분은 자신의 진로, 미래의 자아상, 그리고 자신이 할 일에 대해 명확한 방향을 가지고 있지 않다는 것이다. 이들은 자신의 인생에 대해 깊이 고민하지 않으며, 현재 상황을 성찰하지도 않는다. 이러한 상태에서는 자신의 가치나 존재의 의미를 지탱해 줄 중심을 찾지 못하고 결국 악순환에 빠지게 된다.

그들이 다른 사람의 기대에 부응하려고 노력할수록, 상대방의 불만을 우려해 불안해할수록 자신의 감정을 계속 무시하게 된다. 결국 자기 자신에게 집중할 여유를 잃어버리고, 자기 발전을 소홀히 한다. 또한 이러한 사람들은 자신이 가진 가치를 제대로 인식하지 못하고 타인의 기대에 부응하다 끝내 자신을 잃어버린다.

타인의 만족으로는 존중과 관심을 받을 수 없다

당신이 다른 사람을 만족시키기 위해 열심히 노력했음에도 불구하고, 상대가 만족하지 않고 오히려 더 많은 것을 요구할 때가 있다. 타인을 위해 노력했음에도 왜 그들의 존중과 관심을 받지 못하는 걸까?

이는 인간의 본성과 관련이 있으며, 나와 상대가 함께 만들어 낸 결과일 수도 있다. 상대가 우리를 대하는 태도는 전부 우리가 그들에게 가르쳐준 것이기 때문이다.

타인에게 모든 것을 맞춰주는 사람은 주변 사람들을 '다른 사람의 배려를 당연하게 여기는 이기적인 사람'으로 만들기 쉽다. 그들은 여러 방법으로 상대에게 "나는 중요하지 않아. 너만 행복하면 돼."라는 메시지를 전달한다.

예를 들어, 신입사원은 상사로부터 무리한 부탁을 받았을 때 중요한 일이 있음에도 거절하지 못하는 경우가 많다. 본인 역시 잦은 야근으로 몸이 혹사당하고 있으면서, 매번 자신을 희생하는 쪽을 선택한다. 결국 상사는 이러한 상황에 익숙해져 본래 자신이 해야 할 일도 신입사원에게 떠넘긴다. 그러다 그 신입사원이 정말로 어려운 상황에 놓여 도움을 요청할 때는 대부분 핑계를 대며 회피한다. 신입사원 입장에서는 공을 들여 열심히 만든 관계였겠지만, 상대방에게는 큰 의미가 없는 관계였던 것이다. 이런 부류의 사람이 바로 직장 내 전형적인 '예스맨'이다.

'예스맨'의 네 가지 특징

사실 남에게 맞춰주기만 하는 사람이 꼭 억울하다고만은 볼 수

늘 초조한 당신을 위한 마음 치유 심리학

없다. 그들은 자신이 항상 희생당한다고 느끼고, 남들은 감사할 줄 모르는 무례한 사람들이라고 생각한다. 이러한 인식 때문에 그들은 인간관계에서 자주 좌절감을 느끼고, 타인과 편안한 관계를 맺는 것을 어려워한다. 이 때문에 오히려 상대방과의 적당한 거리를 유지하기 위해 다른 사람에게 맞추는 행동을 선택한다. 그들은 다른 사람에게 모든 것을 맞추면서 속으로는 '나는 잘못이 없어. 문제는 모두 너희에게 있어. 나는 너희에게 빚진 게 없어.'라고 생각하며, 자신은 도덕적으로 떳떳하다고 여긴다.

남에게 맞춰주기만 하는 사람들의 특징은 다음과 같다.

첫 번째, 요구사항을 명확하게 표현하지 않는다

남에게 맞춰주기만 하는 사람들은 정작 자신의 요구사항을 분명하게 말하는 것을 주저한다. 그들은 타인에게 "난 괜찮아. 별로 안 중요해. 상관없어."라고 말하며, 자신의 요구를 무시하도록 가르친다. 하지만 내심 자신이 말하지 않아도 상대가 자신이 원하는 바를 알아채고 그것을 충족해 주길 바란다. 그런데 만약 상대방이 이를 눈치채지 못해 자신의 기대가 여러 번 무너지면, 결국 쌓였던 감정이 한꺼번에 터져 나온다. 이때는 감정의 폭발로 말과 행동이 격해지며, 때로는 극단적인 반응을 보이기도 한다.

두 번째, 감정을 한 번에 폭발한다

남에게 맞춰주기만 하는 사람은 감정 관리에 어려움을 겪는 경우가 많다. 그들은 평소 자신의 감정을 억누르는 것에 익숙해져서 자신의 감정을 똑바로 표현하기가 어렵다. 그래서 주변 사람들도 그들의 감정 변화를 쉽게 알아차리지 못한다. 그러나 시간이 지날수록 감정 기복이 심해지고 결국 한계에 도달하면, 그들은 감정을 제어하지 못하고 폭발적으로 쏟아낸다. 주변 사람들 역시 갑작스러운 상황에 당황해 그들의 마음을 달래주지 못한다.

세 번째, 암묵적인 기대를 갖는다

암묵적인 기대는 알아차리기 어렵다. 내 의뢰인의 사례를 예로 들어보겠다.

의뢰인의 시어머니는 동창회에서 친구가 손자를 얻었다는 소식을 듣고 급히 선물을 보냈다. 그런데 선물을 받은 친구가 달랑 '고마워'라고만 답장을 보내자 감정적으로 상처를 받고 그 친구를 차단했다. 이런 일은 시어머니의 친구 관계에서 끝나지 않았다. 의뢰인 역시 시어머니와 이런 문제로 갈등을 빚었다. 그녀는 시어머니가 자신을 위해 말없이 많은 일을 해 주신 것은 사실이나, 시어머니가 내심 기대하는 것이 무엇인지 좀처럼 알아차리기가 힘들었다. 시어머니는 무언가 자신의 마음에 들지 않으면 "나중에 두고 보자"라는 식으로 으름장을 놓거나, 다짜고짜 집으로 돌아가겠다며 그녀에게 화를 냈다.

이 사례에서 시어머니는 다른 사람을 위해 희생하는 만큼 자신도 그에 상응하는 보답을 기대했다. 그러다 이러한 기대가 충족되지 않을 때는 상대를 향해 허무함과 배신감을 느꼈다. 이처럼 남에게 맞춰주려고만 하는 사람의 희생은 결코 무조건적이지 않다. 겉으로는 관대하고 아무런 대가도 요구하지 않는 것처럼 보이지만, 사실은 자신이 바라는 대로 대우받기를 간절히 원하고 있다는 점을 이해해야 한다.

네 번째, 소리 없이 헌신한다

남에게 맞추려고만 하는 사람들은 자신의 노력을 드러내지 않고 조용히 헌신하는데, 이런 방식은 그들에게 불리할 수 있다. 남에게 헌신하는 이들이 고민해 봐야 할 두 가지 중요한 질문이 있다.

이 헌신이 상대방에게 정말 필요한가?
상대방이 당신의 헌신을 이해할 수 있는가?

한 의뢰인의 사례를 보자. 그녀는 어릴 때부터 엄마가 자신을 예쁘게 꾸며주는 걸 좋아해 화려한 옷도 많이 사주셨다고 했다. 그러나 그녀가 진짜 원했던 것은 엄마가 자신과 함께 놀아주는 것이었다. 하지만 그녀의 엄마는 매번 그녀가 진짜 원하는 것을 무시하고, 자신만의 방식대로 행동했다.

상대방이 진정으로 무엇을 원하는지 이해하지 못한 채 일방적으로 이루어지는 헌신은 아무 의미가 없다. 이는 토끼가 당근으로 물고기를 낚으려는 행동과 다르지 않다. 상대방과 상의하지 않고 자기 생각대로만 행동한다면, 그 헌신은 결국 자신을 위한 것이지 상대방을 위한 것이 아니게 된다.

사람이 지속적으로 특정 행동을 하는 이유는 주로 두 가지다. 하나는 이렇게 하면 자신이 원하는 것을 얻을 수 있을 것이라는 '환상' 때문이고, 다른 하나는 다른 선택지가 없다고 느끼기 때문이다. 남에게 맞추려는 행동도 마찬가지다. 그들은 남을 만족시키면 인정을 얻을 수 있을 것이라고 믿거나 그 외 다른 방법은 없다고 생각기 때문에, 아무리 억울함을 느껴도 자신의 행동이나 생각을 바꾸려고 하지 않는다.

이제 남에게 맞추려는 행동이 상대의 존중을 받지 못하는 이유를 확실히 이해했으리라 본다. 상대방이 고마워하지 않는다고 비난하기보다는, 자신의 문제를 회피하지 말고 익숙한 편안함에서 벗어나야 한다. 자신의 약점을 인정하고 직시할 때 비로소 그것을 개선할 기회가 생긴다. 그러니 남에게 나를 맞추려고 하지 말고, 남이 나의 가치를 정하도록 내버려 두지 마라.

자신이 원하는 방향으로 살려면 어떻게 해야 할까?

첫째, 마음의 꽃밭을 가꾸어 보자

각자의 마음속에는 자신만의 꽃밭이 있다. 남에게 맞추려고만 하는 사람들은 자신의 꽃밭을 가꾸는 데 집중하기보다 꽃밭 입구에서 손을 흔들며 다른 이들의 관심을 기다린다. 하지만 소홀히 관리된 꽃밭은 결코 타인의 관심을 끌 수 없다. 이 논리를 이해했다면 지금부터라도 자신의 에너지와 시간을 내 마음의 꽃밭을 가꾸는 데 사용하자. 당신의 꽃밭에 꽃이 만개하면 나비들은 저절로 찾아올 것이다.

둘째, 자신의 매력 포인트를 개발하자

춤, 노래, 사진 촬영 등 좋아하는 활동이 있다면 시간을 내서라도 그것을 즐겨보자. 외로움을 느낄 때는 그 감정을 존중하고, 잠시 그 속에 머무르자. 남에게 맞추려는 경향은 외로움과 버림받을지도 모른다는 두려움 때문일 수 있다. 하지만 감정을 억누르는 것만으로는 문제를 해결할 수 없다. 자신이 빛날 수 있는 매력을 쌓아가다 보면 남에게 나를 억지로 맞추지 않아도 사람들이 당신의 매력에 자연스럽게 끌리게 될 것이다.

자신의 매력을 키우고 싶을 때, 이렇게 말해 보자!

- 내가 진정한 나 자신으로 살 때 가장 빛나고 가치 있는 존재가 될 수 있어.
- 나는 이 세상에서 유일무이한 존재야. 이 세상에 나와 같은 사람은 없어.
- 내게는 나만의 특성만 있을 뿐이야. 나는 내 특성을 장점과 단점으로 구분 짓지 않아.
- 나는 나의 모든 특성을 소중하게 생각해.
- 나는 이렇게 특별하고 눈부신 존재야. 나 자신이 가장 편안해질 수 있는 방법을 고민해 보자.

늘 초조한 당신을 위한 마음 치유 심리학

예측불허는 일상의
또 다른 즐거움!

우리는 여러 가지 예기치 못한 상황을 두려워한다. 늘 확실한 사람, 확실한 일, 확실한 답을 원한다. '확실함'은 우리에게 모든 것이 명확하게 정해졌다는 안도감을 주기 때문이다. 우리의 뇌는 컴퓨터와 같아서 너무 많은 작업을 실행하면 저장 공간이 가득 차게 된다. 이때 명확하고 확실한 일은 더 이상의 고민이나 신경을 쓸 필요 없이 뇌의 에너지를 절약해 준다. 그러나 확실한 답을 찾은 뒤 그 상태에 안주하게 되면 새로운 것을 발견하려는 호기심과 탐구심을 잃게 된다.

한 의뢰인의 사례다. 그녀는 두 명의 구혼자 A와 B 사이에서 고민하고 있다. 그녀는 A를 좋아하지만, A는 그녀에게 그다지 적극적이지 않고, 호감 정도만 느끼는 상태다. 반면 B는 그녀에게 확고한 마음을 가지고 있으며, 그녀 외에 다른 사람과는 결혼할 생각이 없다고 말한다. 하지만 정작 그녀는 B를 그다지 좋아하지 않았다. 그녀는 어떤 선택을 해야 할지 무척 고민스러웠다.

현재 그녀의 상황이 선택의 문제처럼 보이겠지만, 사실 이는 그녀의 마음속 상태를 말해 주고 있다. 만약 그녀가 내면에 힘이 있는 사람이라면, A를 선택할 가능성이 높다. 반면 내면에 힘이 없고 자존감이 낮아 남에게 의존하는 습관이 있다면, 그녀는 B를 선택할 수도 있다.

이와 같은 선택 과정은 그녀 스스로가 "나는 누구인가, 나는 어떤 사람인가?"라는 질문에 직면하게 만든다. 만약 그녀가 이 선택을 통해 자신의 마음을 돌아보고 이해하게 된다면, 결국 아무도 선택하지 않더라도 스스로 행복해지는 능력을 얻게 될 것이다. 반대로 그녀가 깊이 고민하지 않고 남의 조언만 따라 결정을 내린다면, 나중에 문제가 생겼을 때 그 문제를 해결하는 데 어려움을 겪을 수 있다.

우리가 마주하는 모든 불확실성과 예기치 못한 상황들은 빙산의 일각에 불과하다. 이 작은 조각이 우리가 평소에 인식하지 못했

늘 초조한 당신을 위한 마음 치유 심리학

던 내면의 감정과 생각을 끌어내는 계기가 될 수 있다. 또한 불확실하고 예기치 못한 사건들을 마주하고 해결하는 과정에서 우리는 평소 자신이 몰랐던 내 모습과 그 안에 숨겨진 더 많은 잠재력과 가능성을 발견하기도 한다.

해결책을 찾기보다 좋은 질문을 던져라

나도 한때 많은 엄마가 한 번쯤은 겪는 어려운 선택의 기로에 섰었다. 육아를 우선할 것인가, 아니면 일을 우선할 것인가. 두 가지를 모두 잘한다는 건 너무 어려운 일이었다. 대도시의 낡은 원룸에서 아이를 돌보며 일을 병행하려니 일에 집중할 수가 없었다. 그렇다고 아이를 데리고 도시를 떠나자니 10년 넘게 쌓아온 인맥과 경력을 포기해야 했다. 그뿐만 아니라 고향에서의 생활 역시 미래가 불확실하기는 마찬가지였다.

그렇게 불안한 일상을 살고 있던 어느 날, 나는 자신에게 이런 질문을 던졌다. '내가 도시를 떠난다면 정말 이 가정을 부양할 수 없게 될까? 정말로 다른 사람들에게 뒤처지게 될까?' 그런데 자신에게 질문을 던진 순간, 내 안에서 강한 의욕과 포기하지 않겠다는 의지가 불타올랐다. 나는 다짐했다.

'나는 할 수 있어!'

자신에게 이 질문을 하기 전까지, 내 내면의 목소리는 항상 '너무 힘들어. 너무 어려워. 나는 못 해. 위험이 너무 커. 선택을 못 하겠어. 어느 쪽도 포기할 수 없는데 어느 것 하나 제대로 해낼 수 없을 것 같아.'라는 말들뿐이었다. 그때마다 나는 주변 환경과 사람들에게서 힘을 얻어 이 힘든 상황을 극복하려고 했지만, 주변에 의존할수록 내 마음은 더욱 혼란스러워졌다.

그러나 모든 불확실한 상황은 우리 안에 잠재된 어떤 능력이나 가능성을 발견하는 기회이기도 하다. 이 잠재력이 발현될 때 불확실한 것들은 '확실한 것'으로 변하고, 내가 통제할 수 있는 영역으로 바뀌게 된다.

그러므로 당신의 삶에서 가장 중요한 문제를 찾아 직접 해결해 보기를 바란다. 그 과정에서 불평하거나 도망치지 말고, 책임을 회피하거나 타인에게 의존하려고 하지 마라. 스스로 문제를 해결하고 방법을 찾아가다 보면, 그 문제가 오히려 당신의 잠재력을 발휘하게 만드는 계기가 될 것이다. 감정의 소용돌이에서 벗어나 좌절과 두려움, 공포 속에서 자책하지 않는다면 가능하다.

이제부터라도 자신에게 질문을 던져 보자.

늘 초조한 당신을 위한 마음 치유 심리학

"나는 무엇을 할 수 있을까? 나는 무엇을 더 할 수 있을까? 나는 어떤 사람이 될 수 있을까?"

이 질문들이 당신이 나아갈 방향을 정해 주고, 내 안의 숨겨진 보물을 찾는 데 도움을 줄 것이다.

예기치 못한 일 뒤에는 더 큰 잠재력이 숨어 있다

나는 사람들에게 자주 이렇게 말한다.

"당신이 겪는 모든 예기치 못한 일들은 당신의 힘으로 해결할 수 있어요. 지금 당장 해결하지 못하더라도 결국에는 할 수 있을 거예요. 당신은 그저 자신에게 닥친 갑작스러운 상황 속에 숨겨진 기회를 찾기만 하면 돼요."

인생이 항상 순조롭기만 하고 한 번도 예기치 못한 일을 겪은 적이 없다면, 그것은 오히려 위험할 수 있다. 항상 편안한 상태에 머물러 있으면, 외부 자극을 통해 내면의 잠재력을 깨울 기회를 갖지 못하기 때문이다. 이런 상태는 우물 안 개구리처럼 자신이 보는 세상만이 전부라고 생각하게 만든다. 이처럼 '확실하다는 것'은 우리에게 안전감을 주지만, 동시에 자기 발전을 가로막는 장벽이 될 수도 있다.

따라서 예기치 못한 상황이 생겼을 때 그 상황을 거부하거나 두려워하지 마라. 세상에서 일어나는 일들을 마음을 단련하고 잠재력을 발굴할 기회로 생각해라.

당신이 예상하지 못한 모든 일은 하늘이 주는 깜짝 선물과도 같다. 불확실하고 예기치 못한 일들을 통해 더 많은 가능성을 발견하고, 더 나은 자신을 만날 수 있다고 믿자. 이런 태도로 세상을 바라보면, 실제로 이 세상의 모든 불확실함은 매번 새로운 깨달음을 주고 자신을 성장시킬 최고의 기회임을 깨닫게 된다.

예기치 못한 상황을 맞이하는 자세

많은 이가 불확실한 상황과 예기치 못한 변화를 거부한다. 그들은 현재 가진 작은 것들을 움켜쥐고 놓치고 싶어 하지 않는다. 그러나 불확실한 것에 대한 두려움 때문에 더 세게 움켜쥘수록 모든 것들은 모래알처럼 손가락 사이로 새어나갈 뿐이다.

특히 돈에 대한 불안감을 가진 사람들이 이러한 상태에 빠지기 쉽다. 그들은 돈이 부족할까 봐 걱정하고, 돈을 아끼려고 생활의 모든 지출을 꼼꼼히 계산한다. 그들은 할인 정보를 늘 남들보다 빠

늘 초조한 당신을 위한 마음 치유 심리학

르게 찾아내고, 오래돼 낡은 옷도 좀처럼 버리지 않는다. 또한 집 안에는 쓸모없지만 버리기 아까운 물건들이 잔뜩 쌓여 있다. 이러한 불안감은 직장에서 결정을 내릴 때도 영향을 준다. 그들은 자신의 선택에 대한 자신감과 확신이 부족해 상사와 고객에게 신뢰감을 주지 못하는 상황을 만들기도 한다.

하지만 돈에 대한 불안감이 클수록 돈은 그들을 멀리하게 된다. 실제로 돈의 흐름은 당신의 마음 상태와 매우 유사하다. 긍정적이고 열린 마음을 가질 때 돈은 잘 모이고 풍요로워지지만, 마음이 부정적이고 닫혀있을 때는 돈의 흐름이 메마르고 부족해진다. 즉, 돈에 대한 두려움과 집착이 심해지면 마음이 닫혀 돈이 들어올 기회를 스스로 차단하게 된다. 반면 돈에 대한 지나친 걱정을 내려놓고 여유로운 마음으로 살면, 돈은 자연스럽게 당신에게로 흘러들어올 것이다.

인생에서 예기치 못한 일은 언제나 발생한다. 그 순간이 지금 일어날 수도 있고, 미래에 일어날 수도 있다. 당신이 이 사실을 받아들이든 그렇지 않든, 예기치 못한 순간은 항상 존재한다. 만약 당신이 이를 받아들이지 못한다면, 예기치 못한 일이 발생했을 때 당신이 받는 충격은 몇 배 심지어 몇십 배로 커지게 될 것이다. 그리고 그 충격은 당신의 기억에 오랫동안 남을지도 모른다.

하지만 열린 마음으로 자신에게 닥친 예기치 못한 상황을 '세상이 내게 준 선물'로 받아들인다면, 내면이 한층 더 단단해지고 성숙해진 자신을 만나게 될 것이다. 예기치 못한 상황이 발생할 때마다 그 순간을 배움과 성장의 기회로 삼아라. 자신에게 가장 중요한 사람은 바로 당신 자신이다. 내가 강해져야만 삶의 모든 불확실성과 예기치 못한 순간들을 극복할 수 있음을 기억하자.

홀가분한 마음으로 이끄는 주문

예상치 못한 일이 생겼을 때, 이렇게 말해 보자!

- 모든 예기치 못한 순간들은 내 안의 더 강한 힘을 깨우는 전주곡이야.
- 내게 일어나는 모든 일을 담담하게 받아들이자.
- 나는 열린 마음으로 세상을 받아들일 준비가 되어 있어. 나와 세상은 하나로 연결되어 있으니까.
- 예기치 못한 일들도 세상이 내게 주는 선물이야. 나는 이 특별한 선물을 받을 준비가 되어 있어.

늘 조조한 당신을 위한 마음 치유 심리학

실수해도 괜찮아
몰라도 괜찮아

트라우마 치유 훈련에 참여했을 때의 일이다. 선생님은 우리에게 한 가지 특별한 지시를 했다.

"오늘 최소 세 번의 실수를 해 보세요."

나는 그 말을 듣자마자 마음이 한결 가벼워졌다. 우리 대부분은 실수하지 않으려고 노력만 할 뿐, 실수의 가치는 제대로 보지 못할 때가 많다.

새로운 것을 배우는 과정에서는 점차 정확하게 초점을 맞추는 작업이 필요하다. 이 과정에서 자신의 실수를 허용하지 않는다면, 그것은 마치 손발이 묶인 채로 빨리 달리라고 요구당하는 것과 같다.

실수할 용기는 강한 내면을 만든다

실수는 바다 위에 떠 있는 부표처럼 눈에 띄게 나타난다. 그러나 실수는 우리가 해결해야 할 문제를 드러내기도 하지만, 우리가 성장할 수 있는 부분도 보여준다. 또한 실수는 우리가 무언가를 시도하고 행동하고 있다는 증거이기도 하다. 노력하고 시도하는 사람만이 실수도 할 수 있는 것이다. 아무것도 하지 않는 사람은 실수하지 않겠지만, 동시에 앞으로 나아가지도 못한다. 실수가 두려워 앞으로 나아가지 않는 것은 밥을 먹다가 체할까 봐 걱정되어 아예 끼니를 거르는 것과 다를 게 없다.

실수를 두려워한다는 것은 사실 내면이 취약하다는 증거다. 사람들은 남들한테 나의 무능한 모습과 실패한 모습, 형편없는 모습을 들킬까 두려워한다. 또 그로 인해 남들이 자신을 얕잡아보거나 싫어할까 봐 두려워한다. 그래서 가능한 실수를 감추고, 모든 일을 능숙하게 처리하는 완벽한 모습을 유지하려고 애쓴다.

하지만 안정된 생활에서 벗어나 미지의 영역에 도전하며 앞으로 나아가려는 사람에게 실수는 성장하는 과정에서 얻는 보상과도 같다. 그런 점에서 보면 한 번도 실수하지 않은 사람은 너무 오랫동안 안전한 상태에 머물러 성장할 기회를 놓치고 있는 셈이다.

그러므로 용기 있게 실수하는 사람은 진정으로 내면의 힘이 강한 사람이다. 강한 내면의 힘은 흔들리지 않게 지탱해 준다. 그래서 내면의 힘이 강한 사람은 자신감을 가지고 새로운 도전과 시도를 하며 자신의 인식과 지식의 범위를 넓혀나간다. 그리고 이 과정에서 자신에게 익숙하지 않은 것들, 자신이 몰랐던 것들, 자신이 실수할 수 있는 것들을 하나둘씩 배워가며 자신의 지식과 이해의 범위를 확장한다. 그 결과 실수는 점점 줄어들게 되고, 실수가 줄어들수록 그 분야에 대한 이해는 더욱 깊어지게 된다.

결과 지향적 사고 vs 성장 지향적 사고

우리가 실수를 두려워하는 이유는 대부분 과거의 경험과 밀접한 연관이 있다. 예를 들어 아이가 실수할 때마다 꾸중을 듣고 "이렇게 간단한 문제를 어떻게 틀릴 수 있어!"라는 말을 자주 들으면, 그 아이는 실수에 대한 두려움과 상처받은 기억을 갖게 된다. 반면 아이가 실수했을 때 이해와 격려를 받으며 "실수한다는 건 네가 계속 성장하고 있다는 증거야. 한 걸음 더 나아간 걸 축하해."라는 말을 듣는다면, 아이는 두려움과 상처 대신 새로운 희망과 성장 가능성을 느끼게 될 것이다.

이 두 가지 반응은 실수를 바라보는 관점의 차이에서 비롯된다. 전자가 결과 지향적 사고라면, 후자는 성장 지향적 사고다.

'결과 지향적 사고'의 논리는 이렇다.

"모든 것을 완벽하게 해야 해. 실수는 용납할 수 없어. 만약 실수
한다면 그에 대한 처벌을 각오해야 해. 충분한 두려움을 느껴야
만 앞으로 실수하지 않을 수 있어."

이러한 접근 방식은 일시적으로는 효과가 있으나, 결국에는 활
동 자체에 대한 즐거움과 자발성을 상실하게 만든다. 또한 이러
한 환경에서 자란 아이는 항상 자신의 약점을 드러내는 것을 두려
워하게 되고, 남들에게 비웃음을 받고 무시당할까 봐 걱정하게 된
다. 이것이 바로 많은 이가 실수를 두려워하는 근본적인 이유다.

반면 성장 지향적 사고는 다르다. '성장 지향적 사고'는 한 사람
의 성장에 초점을 맞추며, 실수는 당연한 과정으로 받아들인다. 이
사고방식은 항상 긍정적인 면에 집중하고, 누구나 최고가 될 수 있
다는 믿음이 전제되어 있다. 따라서 아이가 자유롭게 실수하고 그
실수에서 배울 수 있는 환경을 조성해 주면, 아이는 실수를 통해
꾸준히 성장할 것이다. 결과적으로 아이의 실수는 점점 줄어들고,
그만큼 더 많이 성장하게 될 것이다.

우리는 매번 자신이 뛰어나다는 것을 증명할 필요가 없다. 태어

난 순간부터 이미 그 자체로 가치가 있다. 이 가치는 결코 손상되지 않는다. 우리는 그저 나에게 맞는 위치를 찾아 그 가치를 발휘하기만 하면 된다.

실수는 누구에게나 일어날 수 있는 자연스러운 일이다. 실수는 산을 오를 때 발아래 놓여 있는 돌 같은 것이다. 이 돌을 걸림돌로 생각할지, 디딤돌로 생각할지는 어떤 마음가짐을 갖느냐의 차이다. 걸림돌이라고 생각하면 마냥 불필요한 존재가 될 것이고, 딛고 오를 디딤돌로 생각하면 보다 수월하게 오를 수 있는 고마운 존재가 된다.

끊임없이 자신의 지식과 이해의 범위를 넓혀나가고, 자신만의 매력적인 모습으로 살아간다면, 그 사람은 이미 그 자체로 멋진 존재나 다름없다. 지금부터라도 모든 사람이 실수를 긍정적으로 바라볼 수 있다면 사회는 더 여유롭고 긍정적인 분위기로 변화할 것이고, 이러한 환경 속에서 자란 다음 세대는 실수를 두려워하지 않고 더 큰 도전과 성장을 이룰 수 있을 것이다.

누구한테도 나를 증명하려고 애쓰지 마라

심리학에서는 이렇게 말한다.

"아이를 어떻게 교육하는지보다, 부모가 어떤 사람인지가 더 중요하다."

부모가 자신을 있는 그대로 받아들이고 자신의 가치관과 신념에 따라 살아간다면, 아이는 그런 부모를 보며 앞으로 나아갈 길이 생각만큼 두렵지 않다는 것을 배우게 된다. 그러니 마음의 여유를 가지고 나다운 모습으로 살아가자. 당신이 재촉하고 채찍질하고 잔소리하지 않아도, 당신의 행복한 모습과 자신감 넘치는 태도는 자녀에게 좋은 본보기가 될 것이고, 주변 사람들에게도 긍정적인 영향을 미칠 것이다.

자, 오늘부터 실수를 두려워하지 말고 모르는 것을 솔직히 인정해 보자. 그리고 자신에게 계속 상기시키자.

나는 이미 충분히 잘하고 있으며, 이미 충분히 매력적이다. 나의 장단점 모두 내가 가진 특징이다. 나는 누구에게도, 무엇으로도 나를 증명할 필요가 없다.

실수하는 것은 큰 문제가 아니다. 실수는 내가 지금 성장하고 있다는 증거다. 나는 더 이상 익숙한 환경에 머물러 제자리걸음을 하지 않을 것이다. 내가 하는 모든 실수에 감사하며, 늘 용감하게 나아가는 나 자신에게 고마움을 느낀다.

늘 초조한 당신을 위한 마음 치유 심리학

한 사람의 능력이 어디까지 발휘될 수 있는지는 그 사람이 자신의 감정, 행동, 생각 등을 얼마나 잘 통제하고 관리할 수 있느냐에 달려있다. 그러므로 실수하는 과정은 그 능력의 한계를 점차 넓혀가는 과정이며, 실수를 바로잡아 나가면서 우리의 마음은 점점 단단해진다. 이것이 바로 자신감을 높이는 과정이다.

사람은 누구나 일정량의 좌절감을 경험해야 하며, 좌절을 극복하는 과정에서 꾸준히 새로운 시도를 하며 해결책을 찾아야 한다. 즉, 좌절을 경험하고 그것을 극복하는 경험은 내면이 단단한 사람으로 성장하는 과정에서 반드시 거쳐야 하는 단계다. 이 과정을 통해 단단해진 당신은 빛나는 매력을 지닌 사람, 주변 사람들에게 긍정적인 영향을 미치는 사람이 되어 있을 것이다.

잊지 마라. 당신은 존재 그 자체로 이미 소중한 사람이다.

실수했을 때,
이렇게 말해 보자!

· 축하해. 나는 오늘 또 한 뼘 성장했어.

· 실수했을 때 모든 사람이 자신의 결점을 담담하게 받아들일 수 있는 건 아니야.

· 나 자신이 성장할 기회가 또 생겼어.

· 작은 실수도 감사해. 실수를 고친 후 나 자신에게 어떤 보상을 줄지 생각해 봐야겠어.

길고 긴 인생,
잠시 쉬어가도 괜찮다

역발상적 사고 :
세상을 떠날 때, 당신은 어떤 모습을 남기고 싶은가?

내가 주최하는 '내면의 힘 기르기' 캠프에서 매회 빠짐없이 진행하는 토론 주제가 있다. 그 주제는 바로 '언젠가 이 세상을 떠날 때, 당신은 어떤 사람으로 기억되고 싶은가요?'이다. 이 질문은 역발상적 사고 방식으로, 자신이 설정한 최종 목표에 현재의 자신이 부합하고 있는지를 검토하는 방법이다.

노력이 중요한 것은 말할 필요도 없지만, 그보다 더 중요한 것은 노력의 방향이다. 자신이 나아가야 할 방향을 정확히 설정하고, 그에 따른 구체적인 계획을 세우고 실행해야만 원하는 미래를 향해 나아갈 수 있다. 목표와 행동이 일치하지 않으면 모든 노력이 무의미해질 수 있다. 목표가 명확하고 장기적인 계획을 가진 사람일수록 삶에 대한 불안감이 적다. 언젠가 그 목표에 도달할 것이라는 확신이 있기 때문이다.

다음은 한 남성 의뢰인의 사례다. 이 남성은 곧 은퇴할 나이에 접어들었으며, 사업가로서 나름대로 성공을 거두고 사회적 지위도 가지고 있는 사람이었다. 그러나 그의 삶에는 아쉬운 점이 있었다. 아내가 이혼을 요구했고, 두 아들 역시 그를 인정하지 않았던 것이다. 그는 아이들이 자라는 동안 늘 집을 비웠고, 아내 혼자 가정을 돌보았기 때문에 집안에서 그의 발언권은 존재하지 않았다. 그 결과, 아이들은 항상 아버지가 무슨 말을 하든 저항하기만 했다.

은퇴 후 사회적 지위나 역할이 달라지자, 그가 받던 주변의 찬사와 인정은 점점 사라졌다. 그 사이 아내와 아이들은 이미 그가 없는 삶에 익숙해져 있었으며, 심지어 그들의 마음속에는 남편이자 아버지에 대한 원망과 적대감이 가득 찼다. 그는 이 모든 것을 후회했다. '왜 처음부터 아내와 아이들이 진정으로 원하는 것이 무엇인지 한 번도 들어보지 않았을까?'라는 생각이 그의 마음을 가득 채웠다.

늘 초조한 당신을 위한 마음 치유 심리학

한 사람의 시간과 에너지를 어디에 투자하느냐에 따라 결과도 달라진다. 우리는 자신이 투자하고 있는 것이 과연 자신이 진정으로 원하는 것인지 점검해야 한다. 이 말을 역으로 해석하면, 우리는 자신이 진심으로 원하는 것에 정말로 시간과 에너지를 투자하고 있는지 확인해야 한다는 의미다.

사업, 인간관계, 개인 생활 모두 관리가 필요하다. 이 세상에서 노력 없이 얻을 수 있는 것은 없으며, 어떤 것도 당연히 주어지지 않는다. 심지어 부모 자식 관계조차도 예외가 아니다. 부모의 위치에 있다는 이유로 아이들이 부모를 신뢰하고, 존경하고, 감사하기를 바라지만, 이 역시 부모가 많은 시간과 에너지를 들여 자녀와의 관계를 잘 쌓아야 가능한 것이다.

인생에서 가장 비참한 순간은 자신이 A를 원한다고 믿고 그 A에 인생의 절반을 바쳤으나 실제로는 B를 원했다는 것을 깨닫는 순간이다. 하지만 그때는 이미 잘못된 선택을 바로잡거나 처음부터 다시 시작하기에는 늦었다. 따라서 자신이 무엇을 진정으로 원하는지부터 확실히 파악하고, 그 목표에 필요한 노력을 역순으로 분석하여 계획을 세우는 것이 중요하다. 단순히 순간적인 감정이나 직감에 의존해서는 안 된다.

잠시 하던 일을 멈추고 자신에게 다음과 같은 질문을 해 보자.

1. 내 삶이 끝날 때, 나는 어떤 모습을 가진 사람이었으면 좋겠는가?
   또한 다른 사람들이 나를 어떻게 평가하기를 바라는가?
2. 지금 내가 하고 있는 일들이 나를 그런 사람으로 만들어가는 데
   도움이 되는가?
3. 나는 진정으로 내 목표를 위해 투자하고 있는가? 나의 계획에 추
   가해야 할 노력은 무엇인가?

도전 의식과 삶에 대한 만족감 모두 필요하다

인생은 길다. 너무 조급하게 결과를 바라지 마라. 모든 사물의
발전에는 일정한 규칙과 질서가 존재하고, 모든 일은 때가 되어야
이루어진다. 당신이 지금 마음속에 불안의 씨앗을 심고 매일 무의
미하게 바삐 지낸다면, 결국 더 큰 불안에 시달리며 시간을 낭비하
게 될 것이다. 반면 여유로운 마음을 가지고 차근차근 계획을 행동
으로 옮긴다면, 점진적인 성장과 함께 구체적이고 실질적인 결과
물을 얻을 수 있다.

자신이 할 수 있는 일에 대해 최선을 다하되, 그 결과를 담담하
게 받아들여라. 우리가 통제할 수 있는 일에 한에서는 최대한 노력

해야 하고, 통제할 수 없는 일은 시간과 에너지를 아껴야 한다.

기억해라. 나 자신이 삶의 중심이자 모든 것의 출발점이다. 나에게 일어나는 모든 상황을 자신을 단련하는 기회로 여겨라. 어떤 일이나 상황에서 배운 것이 없다면, 다음에 비슷한 문제를 다시 만날 가능성이 크다. 설령 이전에 운 좋게 그 문제를 해결했더라도, 다음번에는 운이 따르지 않을 수도 있다.

도전 의식과 삶에 대한 만족감은 우리가 끊임없이 성장할 수 있도록 지탱하는 기둥이다. '삶에 대한 만족감'이 자동차에 가득 채워진 연료처럼 삶에 동력을 제공해 준다면, '도전 의식'은 우리가 제어할 수 있는 일, 즉 노력으로 이룰 수 있는 일에 매진하도록 이끈다. 새로운 영역에 도전하며 자신의 한계를 확장하는 노력과 자신의 삶에 만족감을 느끼는 과정이 반복되다 보면, 어느 순간 자신이 성장하고 있다는 것을 느끼게 되고 결국 원하는 미래에 자연스럽게 도달하게 될 것이다.

그러나 쉬지 않고 달리기만 하면 아무리 강한 사람도 멀리 갈 수 없다. 따라서 어떻게 만족스러운 삶을 살 것인가에만 집중할 것이 아니라, 삶을 즐기고 자신에게 쉼을 줄 수 있는 여유를 갖는 것도 중요하다. 남들이 아무리 미친 듯이 달리고 있어도, 잠시 멈추고 몸과 마음을 재정비하는 시간을 가져야 한다.

항상 익숙하고 편안한 환경에만 머무르는 사람들은 날마다 똑같기 때문에 하루가 지나든 100일이 지나든 삶의 본질적인 차이를 느끼지 못한다. 반면 끊임없이 자신의 한계를 뛰어넘으려는 사람들은 다르다. 그들은 계속해서 성장하고 발전하며, 자신이 할 수 있는 일의 범위를 넓혀나간다. 이를 쉽게 이해할 수 있도록 다음과 같이 정리해 보았다.

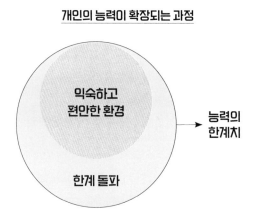

'만족'이란 나를 사랑하고 내 마음 상태를 적절히 돌볼 수 있는 여유를 의미한다. 인생이 복잡하고 혼란스러울 때, 우리는 자신을 적절히 멈추고 쉬게 할 필요가 있다. 자신의 가치를 입증하기 위해 무리하게 노력하면, 지치는 동시에 두려움과 분노를 결국 다른 사

늘 초조한 당신을 위한 마음 치유 심리학

람에게 발산하게 될 것이다.

나는 내가 원하는 모든 것을 누릴 자격이 있다

자기만족을 이루기 위해서는 자신을 깊이 이해하고 자신이 진정으로 원하는 것이 무엇인지 명확히 아는 것부터 시작해야 한다. 그리고 원하는 것을 이루기 위해 주도적으로 행동하고, 그에 따른 책임을 져야 한다. 하지만 이를 실천하는 것은 말처럼 쉽지 않다. 자존감이 낮은 사람들은 마음속에 두려움이 가득하기 때문이다. 그들은 주변 사람에게서 "네가 그럴 자격이 되니?"라고 비난을 받을까 두려워한다.

나의 한 친구는 매년 설마다 어머니에게 새 옷을 사드린다. 하지만 친구의 어머니는 매번 돈 낭비라며 그녀를 나무랐고, 옥신각신 실랑이를 벌이다 결국 옷을 환불해 버렸다. 친구 어머니의 심리를 분석해 보니, 자신에게 새 옷은 과분하며, 자신이 그런 호사를 누리면 안 된다고 생각했다. 특히 비싼 옷 가격은 그녀의 낮은 자존감과 자격지심을 계속 자극했다. 친구의 어머니는 자신의 가치에 맞는 물건을 소유했을 때 비로소 안정감을 느끼는 사람이었다.

사람은 자신이 가치 있는 사람이라고 생각할수록 자신에게 여유를 허락하고 자신을 소중히 여길 줄 알게 된다. 이것은 직업, 신분, 수입, 학력과는 큰 관계가 없다. 자신에게 여유를 허락하고 자신을 사랑할 줄 아는 사람이 되려면 무엇보다 자신이 가치 있는 존재라고 믿어야 한다. 나는 이미 충분히 훌륭하고, 이 세상의 모든 아름다운 것을 누릴 자격이 있다고 믿어라.

자신을 사랑할 줄 아는 사람만이 타인으로부터 사랑받을 수 있고, 자신에게 적절히 쉼과 여유를 줄 수 있는 사람만이 더 과감히 도전할 수 있다. 이런 사람은 거절과 실패를 두려워하지 않고, 타인이 자신에게 실망하는 상황도 잘 이겨낼 수 있다. 그리고 이러한 회복력을 바탕으로 자신의 한계를 조금씩 뛰어넘으며 더 강한 나로 성장할 수 있다.

홀가분한 마음으로 이끄는 주문

쉼이 필요할 때,
이렇게 말해 보자!

· 내 몸이 지금 나에게 휴식이 필요하다는 신호를 보내고 있어.
· 편하게 쉬어도 돼. 나한테는 그럴 권리가 있어.
· 나는 이 권리를 누릴 능력과 여건을 가지고 있어.
· 나는 내 마음을 편하게 해 줄 거야.

늘 초조한 당신을 위한 마음 치유 심리학

이성과 본능의 균형을 지키는 방법

당신은 어떤 역할을 맡고 있습니까?

사람은 살면서 자녀, 부모, 배우자, 직원, 리더 등 여러 가지 역할을 하게 된다. 그러나 우리는 종종 역할 전환을 잊고, 특정 역할에 너무 오래 몰입하여 그것이 우리 인생의 전부인 것처럼 여길 때가 있다. 또 이로 인해 다른 역할과 그에 따른 관계를 하나둘씩 잃기도 한다.

결혼 생활 문제로 상담을 받으러 오는 사람 중에는 여성 CEO가 많다. 이들은 회사에서 아랫사람들에게 명령하는 일상에 익숙해 집에 돌아와서도 역할을 쉽게 전환하지 못한다. 회사에서의 명령조 말투와 권위적인 태도가 집 안에서도 이어져 배우자와 자녀들이 불쾌함을 느끼게 되고, 그 결과 가정의 평화가 깨지기 시작한다.

또 어떤 사람들은 가족을 돌보는 데 많은 시간을 쏟으며 좋은 엄마나 좋은 아빠의 역할을 충실히 수행하지만, 정작 부부 관계에는 소홀해 결국 결혼 생활이 파탄에 이르기도 한다.

현대 사회를 살아가는 사람들은 승진을 위해 바쁘게 일하느라, 주택 대출금과 자동차 대출금을 갚느라, 육아와 부모 봉양에 시간을 쏟느라 온전히 자신만을 위한 삶을 누리지 못하고 있다. 그런데 결혼한 부부가 둘만의 시간이 전혀 없다면 어떻게 사랑을 유지할 수 있겠는가? 따라서 우리는 자신이 맡고 있는 각각의 역할을 균형 있게 잘 수행해야 한다. 그래야 부부 관계, 부모 자녀 관계, 직장 내 관계 등 각각의 관계가 건강하고 원활하게 유지될 수 있다.

만약 모든 시간을 일에만 쏟는다면, 당신은 계속해서 '일하는 존재'로만 살게 될 것이다. 그러면 마치 무거운 짐을 지고 다니는 것처럼 어디를 가든 몸과 마음이 지칠 것이다. 물리적으로는 퇴근했지만, 마음은 여전히 일터에서 벗어나지 못하고, 자신에게 잠깐의 여유와 쉼도 줄 수 없다면 당신은 무엇으로 자신의 에너지를 회복할 것인가?

자녀, 부모, 배우자, 직원, 리더 등의 역할을 수행하려면 자신의 에너지를 소모할 수밖에 없다. 우리의 에너지를 채울 수 있는 것은 오직 자신을 돌보는 시간뿐이다.

삶에 쉼과 여유를 주자

한번 생각해 보자. 당신에게는 시간이나 목표를 잊고 마음껏 즐길 수 있는 특별한 취미가 있는가? 예를 들어 꽃 가꾸기, 노래와 춤 또는 달리기나 수영같이 일상과 직접 연관되지 않지만, 당신에게 즐거움과 안정감을 주는 활동들 말이다. 이런 활동을 하면서 마음이 편안해지고 즐거워진다면, 그 순간이 바로 당신의 자아가 진정으로 숨을 고르는 시간이다.

모든 사람은 태어날 때부터 자신을 형성하고 발전시키는 '자아 역할'을 가지고 태어난다. 이 역할은 우리가 자신을 이해하고, 돌보고, 성장해 나가는 모든 과정에서 에너지를 제공하는 원동력이 된다. 어린아이들을 관찰해 보면, 그들은 하루 종일 개미 구경을 하는 것만으로도 즐거움을 느낀다. 이처럼 인간은 본능적으로 작은 것에서도 기쁨과 즐거움을 찾을 수 있는 능력을 가지고 있다. 그리고 나이가 들면서 이 본능이 얼마나 소중한지를 깨닫게 된다.

많은 이가 학업에서 좋은 성적을 거두고 사회에서 성공적인 커리어를 쌓고도 마음속 깊은 곳에서는 공허함을 느낀다. 이는 자아 역할이 과도하게 억압된 결과일 수 있다. 성인이 되면서 우리는 다양한 역할을 수행하도록 훈련받지만, 그 과정에서 자아 역할이 점점 소외되고 결국 자신의 행복과 에너지원이 어디에 있는지조차 잊어버리게 된다.

따라서 일상이 아무리 바쁘더라도 퇴근 후 자신이 진정으로 좋아하는 활동에 시간을 할애해야 한다. 몸과 마음이 즐거워야 두뇌도 효율적으로 작동한다. 그러면 자연히 일의 결과물도 좋아질 것이다. 반대로 마음이 혼란스럽고 고통스러울 때는 자아 역시 근심과 스트레스로 가득 차게 되고, 이 상태에서는 아무리 노력해도 문제 해결이 어려워질 수 있다.

문제를 서둘러 해치워버리려고 하지 마라

세상에는 우리가 해결할 수 없는 문제들이 많다. 우리는 이러한 문제들을 해결하려고 애쓰기보다 그 문제들을 극복하는 능력을 키워야 한다. 그리고 이 능력은 꾸준한 자아 성장과 노력을 통해 만들어진다.

'내면의 힘 기르기' 캠프에서 만난 한 여성의 사례를 보자. 이 여성은 충분한 경력과 능력을 갖추고 있었지만, 상사에 대한 두려움으로 승진 기회를 여러 번 놓쳤다. 그녀는 상사가 같은 공간에 있기만 해도 말을 더듬고 긴장했다. 상사 역시 그런 그녀의 업무 능력을 항상 의심했다. 표면적으로는 그녀의 업무 수

행 능력에 문제가 있는 것처럼 보이지만, 사실 그녀는 단지 상사와의 의사소통에 어려움을 겪고 있었다. 좀 더 깊게 들여다보면 그녀는 인간관계, 특히 권위 있는 남성과의 관계를 어려워하고 하고 있었으며, 여기에는 아버지와의 관계가 포함되어 있다.

나는 그녀에게 일상의 급한 일들을 잠시 멈추고, 이 문제에 진지하게 집중할 것을 조언했다. 이후 그녀는 직장을 잠시 쉬는 동안 자신이 남자 상사에게 느꼈던 두려움이 과거 아버지의 가정 폭력에서 비롯된 것임을 깨달았다. 그 두려움은 오랫동안 그녀의 가슴속에 남아 있었고, 그로 인해 '남성은 위험한 존재이며, 언제든 나에게 해를 끼칠 수 있다'라는 생각을 가지게 된 것이다. 그녀는 이 두려움을 극복하지 않으면, 아버지에게 폭행당했던 그 순간에 계속 머무르게 될 것이라는 사실을 인식하고 점차 그 상황에서 벗어나기 위해 노력했다. 그 결과 그녀는 더 이상 남자 상사를 두려워하지 않게 되었다.

이 경험은 그녀의 인생에서 진정한 전환점이 되었고, 그녀는 과거 두려움 속에 살았던 어린 시절의 트라우마에서 벗어나 진정으로 자유롭게 자신을 표현할 수 있게 되었다.

직장이나 가정에서 어려운 문제에 직면할 때, 잠시 멈추고 상황을 정리할 필요가 있다. 문제를 완전히 해결하려고 애쓰는 대신, 잠시 문제에서 물러나 거리를 두고 상황이 자연스럽게 풀리도록 기다릴 줄 알아야 한다.

문제를 부담스럽거나 불편한 것, 빨리 해결해야 할 골칫거리로 여기고 서둘러 해결하려고 하지 마라. 문제는 단순히 해결해야 할 숙제가 아니라 당신에게 깨달음을 줄 수 있는 기회가 될 수 있다. 만약 문제를 통해 당신이 극복해야 할 약점이나 트라우마를 깨달았다면, 그 문제는 더 이상 문제가 되지 않는다. 하지만 아무런 깨달음도 얻지 못했다면 그 문제는 계속 당신을 찾아올 것이다. 그 문제를 통해 당신이 더 지혜롭고 성숙해질 때까지 말이다.

그러니 직장이나 인간관계에서 마주하는 모든 문제에 감사하는 마음을 갖자. 그 문제들 덕분에 우리는 더 지혜롭고 성숙해지는 중이다. 또한 포기하지 않고 꾸준히 노력하는 자신에게도 고마워하자. 앞으로도 꾸준히 나아가되, 서두르지 말고 차분하게 걸어가자. 당신이 원하는 모든 것은 당신이 앞으로 걸어가는 그 길 위에 있을 것이다.

홀가분한 마음으로 이끄는 주문

퇴근할 때,
이렇게 말해 보자!

지금은 온전히 휴식을 취하기 위한 시간이야. 이 시간을 마음껏 즐기자.

이 순간만큼은 내가 하고 싶은 것을 마음대로 할 거야.

잘 쉬는 사람이 일도 잘하는 법이지.

나는 충분히 쉼을 누리며 인생을 즐길 줄 아는 내가 좋다.

나를 이해해야
타인을 이해할 수 있다

완벽주의자로 사는 것이 좋은 걸까?

일을 완벽하게 해내려는 태도가 때로는 미덕일 수 있지만, 때로는 자학적인 행동이 될 수 있다. 이러한 극단적인 완벽주의는 대개 인생 목표가 명확하지 않을 때 나타난다.

결혼 생활에서 아내는 남편이 더 발전하고 노력하지 않는다고 불평하는 반면, 남편은 아내의 잔소리가 지나치다고 느끼는 경우가 많다. 이러한 갈등은 결혼 생활에서 흔히 발생하는 일반적인 문제다.

문제의 핵심은 부부가 서로의 경계를 무시했다는 데 있다. 친밀한 관계일수록 서로의 경계를 존중해야 한다. 결혼으로 한 가족이

늘 초조한 당신을 위한 마음 치유 심리학

되었더라도 여전히 서로를 인정하고 존중해야 한다.

상대방은 내가 아니다. 그렇기 때문에 상대방과 나 사이에 경계가 있다는 것은 서로의 차이를 인정하고 존중해야 한다는 뜻이다. 이쯤에서 누군가는 이렇게 물을 수 있다.

"결혼한 부부라면 한마음으로 같은 목표를 위해 노력해야 하지 않나요?"

물론 그것도 중요하다.

그러나 사람에게 두 다리가 필요하듯, 부부 관계에서도 공동의 목표와 서로의 다름을 인정하는 태도가 모두 필요하다. 다시 말해, 부부는 같은 목표를 향해 함께 나아가야 하지만, 동시에 서로의 차이를 존중하고 상대방의 개성을 억누르지 않아야 한다. 결국 부부가 얼마나 화목하게 지낼 수 있을지는 각자가 자신을 얼마나 잘 이해하고 발전하려고 노력하는지에 따라 달려있다.

배우자는 최고의 선생님이다

이 말을 어떻게 이해하면 좋을까? 부부가 몹시 다를수록, 상대방이 가진 특징이 당신의 약점일 가능성이 높다. 그렇지 않다면 당신은 상대방에게 끌리지 않았을 것이다.

적극적이고 완벽을 추구하는 여자가 자유로운 영혼을 가진 남성에게 끌리는 이유는 뭘까? 답은 간단하다. 그녀는 마음속 깊숙이 자유로운 삶을 갈망하지만, 자신은 그렇게 하지 못하기 때문이다. 남자가 가진 '삶을 즐기는 능력'이 그녀에게는 부족한 셈이다.

나와 내 배우자 간의 관계는 내가 나 자신과 어떻게 관계를 맺고 있는지에 따라 달라진다. 완벽을 추구하는 나와 여유로운 삶을 추구하는 내가 마음속에서 끊임없이 싸우고 있다면, 이러한 내적 갈등은 결혼 후 부부 싸움으로 나타나게 된다. 그러나 사실 이 갈등은 본질적으로 부부 사이의 문제에서 비롯된 것이 아니라, 개인의 욕망과 이성 간의 싸움이다.

이성은 욕망을 통제하고 억누르려고 하면서도, 무의식적으로 자신에게 부족한 욕망을 보완해 줄 사람을 찾게 만든다. 그래서 사람은 자신과 반대의 특징을 가진 사람을 선택하는 경향이 있다. 그러나 상대방과 함께 지내다 보면 나의 이성이 상대방의 욕망을 자꾸 억누르려고 한다. 물론 그렇게 해서 상대방의 욕망이 일시적으로 억제될 수는 있지만, 욕망은 언제든 다시 모습을 드러내기 마련이다.

이때 부부가 서로의 경계를 지킬 경우, 각자의 이성과 욕망을 균

늘 초조한 당신을 위한 마음 치유 심리학

형 있게 유지할 수 있다. 이 경계는 이성이 도덕적으로 우월한 위치에 서서 욕망을 억누르지 않도록 하고, 동시에 욕망이 지나치게 커져서 이성을 압도하지 않도록 보호한다.

사람을 자동차에 비유하자면 브레이크는 이성이고, 가속페달은 욕망이다. 자동차가 원활하게 달리려면 가속페달과 브레이크를 적절히 조절해야 하듯, 사람도 이성과 욕망의 균형을 잘 맞추는 것이 중요하다. 그러나 많은 이가 이성이나 욕망 중 하나에 치우쳐 균형을 잃고, 그로 인해 부정적인 결과를 경험하게 된다.

예를 들어 아내가 무기력한 남편을 비난할 때 과거에 자신이 왜 남편에게 끌렸는지를 잊어버리는 경우가 있다. 자기 성찰이 부족한 사람들은 다른 사람을 비난하고 공격하는 데 집중한다. 다른 사람을 비난하면 잠시나마 자신의 고통을 회피할 수 있기 때문이다.

그렇다면 어떻게 해야 자신과 타인에게 여유를 가질 수 있는 사람이 될 수 있을까?

이성과 욕망의 균형

우리는 성장하면서 많은 생각과 관점을 교육받거나 주입받는다. 예를 들어 '열심히 공부해야 성공할 수 있어', '평범한 건 부끄러운 거야', '공부하지 않으면 남들한테 뒤처질 거야', '노력하지 않으면 사람들한테 무시당할 거야'와 같은 생각이 그러하다. 이런 생각들은 과거에 당신을 보호하거나 도움을 주었을 것이다. 그러므로 그 생각들과 싸울 필요는 없다. 또한 그 생각들에 무조건 따를 필요도 없다.

과거에 주입된 생각을 무조건 따르면 자신이 압도당할 것이고, 그 생각들을 거부하고 밀어내려 하면 내면의 갈등이 생길 것이다. 우리는 자신에게 이렇게 말해줘야 한다.

"이것은 그저 하나의 생각일 뿐이야. 이 생각이 도움이 될 때도 있지만 한계도 있어."

다시 말해 우리는 과거에 주입된 생각들을 절대적인 진리로 여기지 말고, 비판적이고 균형 잡힌 시각으로 바라봐야 한다. 또한 필요할 때는 그것을 유연하게 적용할 줄도 알아야 한다.

욕망은 우리의 본능적인 뇌를 활성화한다. 욕망은 인간이 본능적으로 느끼는 즐거움과 편안함을 제공하는 만큼, 사람의 내면과 신체에 가장 직접적으로 작용한다. 욕망을 통해 우리는 만족감과 충족감을 느끼고, 삶에 대한 열정과 활력, 기쁨과 행복을 유지할 수 있다. 욕망이 충족되면 자동차에 연료가 채워지듯 우리는 정신적으로 활기를 되찾게 되고, 어떤 일에 즐겁게 임하고자 하는 내적 동기와 의욕을 갖게 된다.

만약 당신이 이미 이성의 뇌에 압도되어 매일 긴장된 상태로 하루를 시작하고, 매사 자신을 채찍질하며 노력을 강요한다면, 또한 평범함이 두려워 남들보다 앞서 나가야 한다는 압박감을 느끼고 있다면, 당신은 이미 자신을 잃어버린 것이나 다름없다.

끊임없이 목표를 달성하고 성취를 이루는 데만 집중하는 당신은 남들 눈에는 화려하고 당당해 보일 수 있다. 그러나 정작 자신이 무엇을 좋아하고 싫어하는지, 자신이 무엇을 할 때 행복하다고 느끼는지조차 모르게 된다. 그 결과 당신은 자신이 좋아하는 일에 몰두할 기회를 놓치게 된다. 무언가에 흠뻑 몰두하는 것을 시간 낭비이자 의미 없는 일이라 생각하기 때문이다. 당신은 아마도 그럴 시간에 차라리 전문 서적을 한 권 더 읽는 것이 낫다고 여길 것이다.

많은 대학에서 우수한 성적을 가진 학생들이 배출되지만, 이 학생들이 사회에 나와 적응하지 못하는 이유가 바로 여기에 있다. 그들은 좋은 성적을 받는 데만 집중한 나머지 내적으로 성장하는 데 필요한 경험을 하지 못해 내면이 공허하며, 사람들과 교류하는 방법 역시 배우지 못했기 때문이다. 그러므로 대단히 큰 의미가 있지 않더라도 당신의 마음이 행복해지는 일에 시간을 써야 한다. 이 세상에서 당신 자신이 그 어떤 목표나 문제 해결책보다 중요하다. 당신이 행복하지 않다면 아무리 많은 것을 얻어도 그것을 지켜낼 수 없다.

당신은 지금 '복제 인간'이 되어 가고 있는가?

삶의 마지막 날 침대에 누워 지난 삶을 돌아보는 당신의 모습을 상상해 보라. 당신은 다른 사람에게 인정받기 위해 평생 멈추지 않고 달려왔고, 매일 자신을 채찍질하며 계속 앞으로 나아갔으며, 하나의 목표를 달성한 후에는 잠시 숨을 고른 뒤 곧바로 다음 목표를 향해 전진했다.

저 앞에는 항상 끝없이 많은 목표가 당신을 기다리고 있다. 당신에게는 아직 더 올라가야 할 높은 목표가 있고, '너는 아직 부족해'라는 목소리가 당신을 늘 압박한다. 당신은 즐거움과 흥미를 포기하고, 자신이 원하는 방향으로 날아갈 수 있는 날개도 잘라냈다. 당신을 둘러싼 환경이 요구하는 높은 기준과 기대치는 마치 밧줄처럼 당신을 옭아매어 자유롭게 생각하고, 판단하고, 행동할 수 없게 만들었다. 그 결과 당신은 점점 자신이 누구인지 분간할 수 없게 되었고, 결국 자신의 고유한 생각과 감정을 잃은 채 세상이 요구하는 대로 행동하는 '복제 인간'이 되어 버렸다. 그리고 그 모습을 당신의 자녀와 배우자 등 당신과 가까운 사람들에게까지 전달하고 있다.

자신에게 너무 가혹하게 굴지 말라는 말은 자신의 목표나 기준을 낮추라는 의미가 아니다. 자신을 목표 달성을 위한 도구가 아닌, 살아있는 인간으로 인식하라는 뜻이다. 자신이 살아 숨 쉬는 생명체임을 깨달을 때, 자신이 가진 본연의 힘과 에너지, 지혜와 용기가 발휘되어 억지로 노력하지 않아도 일이 수월하게 잘 풀릴 것이다.

만약 자신이 정한 기준이나 규칙에 얽매여 마음이 자주 불안하고 조급해진다면 자신에게 이렇게 말해 보자.

"나는 불안하다. 내가 만든 기준이 나를 또 옭아매고 있다. 이로 인해 내게 즐거움을 주는 일을 할 때 시간 낭비라는 생각이 자꾸 든다."

활기가 넘치는 자신으로 사는 것, 내가 좋아하고 즐거움을 느끼는 일을 찾는 것, 내 마음을 행복하게 만들어 주는 것을 찾는 것이 바로 우리가 인생을 살면서 가장 먼저 해결해야 할 첫 번째 과제다.

자신을 있는 그대로 받아들이고 이해할 수 있어야 다른 사람에게도 너그러워지고 그들을 이해할 수 있다. 이 글을 읽고 있는 당신은 지금 어떤 사람인가?

홀가분한 마음으로 이끄는 주문

너무 잘하려고 애쓸 때, 이렇게 말해 보자!

- 점점 더 나아지기 위해 완벽해지고 싶은 마음은 나쁜 것이 아니야.
- 완벽한 모습이 되기에는 나는 결점과 문제를 가지고 있어. 하지만 결점이 있다는 건 내가 정상적인 사람이라는 것을 의미해.
- 나는 완벽해지려고 열심히 노력하는 내가 좋아.
- 나는 완벽해지는 길을 따라 걷는 중이야. 그 길을 따라 앞으로 나아가는 나는 이미 충분히 훌륭해.
- 나는 점점 더 완벽해지는 나 자신과 그 과정을 즐길 수 있어. 조금 더 여유로운 마음으로 이 과정을 즐겨보자.

늘 초조한 당신을 위한 마음 치유 심리학

'자아'라는 책을 읽고
원하는 삶을 살아가기

모든 사람은 한 권의 책과 같다. 표지를 열면 펼쳐지는 책 속의 내용은 각자의 인생 경험들이다. 어떤 이들은 표지만 화려할 뿐, 내용을 읽어보면 아무런 재미도 느껴지지 않는다. 반면 어떤 이들은 표지도 독특하고 책 속의 내용 역시 읽을수록 점점 빠져들 만큼 흥미롭다.

우리가 겪는 모든 일은 우리 안에 잠재된 능력을 깨우고, 더 진실하고 매력적인 자신으로 성장하도록 도와준다. 그러나 이러한 변화와 성장이 일어나려면 '자아'를 이해하고 받아들이는 마음가짐이 꼭 필요하다.

모든 문제의 근본적인 원인은 우리가 충분히 나답게 살지 못했기 때문이다. 우리의 결점이나 단점은 우리 안에 있는 매력이 제대로 드러나지 않아서 나타나는 문제일 뿐이다. 따라서 자아를 이해한다는 것은 자신이 가진 진정한 가치를 찾아내려는 마음가짐을 가지고, 객관적이고 체계적인 방법을 통해 자신을 탐구하며 한 걸음씩 진정한 자신의 모습으로 살아가는 것을 의미한다.

그렇다면 우리는 어떻게 자아를 이해하고 진정한 자신을 찾을 수 있을까? 여러분께 드리는 마지막 선물로 다음 세 가지 실천 방법을 소개한다.

첫째, 자아에게 질문을 하고, 그 질문에 답하는 연습을 하라

문제에 부딪혔을 때 이렇게 묻는 사람들이 많다. "왜 이렇게 한 거야? 네가 뭔데 나한테 이러는 거야?"라며, 자신을 피해자의 위치에 두고 모든 잘못과 책임을 상대방에게 돌리는 것은 매우 위험한 태도다. 이런 태도는 당신이 스스로 상황을 통제할 기회를 잃게 만들 뿐 아니라, 평소 몰랐던 자신의 문제점을 발견하고 이를 통해 성장할 기회마저 상실하게 만든다.

예전에 어떤 동료는 상사가 일을 배정할 때 항상 다른 동료들에게만 좋은 업무를 준다고 느꼈다. 그는 상사에게 기회를 달라고 요구했지만, 상사는 객관적인 데이터를 보여주며 다른 동료들이 더 나은 성과를 내고 있음을 설명했다. 그러나 이 동료는 상사의 평가 방식이 자신에게 불공평하다고만 여겼고, 회사에 적응하려는 노

늘 초조한 당신을 위한 마음 치유 심리학

력을 하지 않았다. 자신에게 문제가 있을 수도 있다는 점을 고민하거나 반성하지도 않았다. 결국 상사는 그를 회사에서 해고할 수밖에 없었다.

문제가 발생했을 때 우리는 보통 두 가지 방향으로 생각한다.

"나는 무엇을 잘못했을까?"
"다른 사람은 무엇을 잘못했을까?"

이 두 가지 방향으로 문제의 원인에 접근하다 보면 결국 어떤 결론에 도달하게 된다. 하지만 다른 사람의 잘못이나 문제를 아무리 찾아내도 그것으로 우리 자신의 문제를 해결하거나 덮을 수는 없다.

많은 이가 '반드시 상대의 잘못을 찾아내야 내가 잘못이 없다는 걸 증명할 수 있어'라고 생각하는 경향이 있다. 그러나 다른 사람의 실수와 문제점을 찾아내는 데 집착하는 것은 자신의 성장에 아무런 도움도 되지 않으며, 이런 태도로는 문제 해결 능력도 키울 수 없다.

그러므로 우리는 자신을 이해하고 탐구하기 위해 자아에게 질문하고, 그 질문에 답을 찾는 연습을 해야 한다. 이러한 노력은 우리 안에 숨겨진 무한한 가능성과 능력을 발견하는 데 큰 도움이 될 것이다.

지금부터 자신에게 이렇게 물어보자.

"나는 해낼 수 있을까?"

"나에게 도움이 되는 것이 무엇일까?"

"나의 고충은 무엇인가?"

"이 일을 해내는 과정에서 무엇이 나를 방해했는가?"

"나는 누구에게 배움과 도움을 요청해야 할까?"

둘째, 자아의 성장을 방해하는 장애물을 경계하라

이쯤에서 우리는 보통 두 가지 장애물을 만나게 된다. 하나는 '의존성'이고, 다른 하나는 '두려움'이다.

먼저 '의존성'은 스스로 길을 찾고 성장하는 데 방해가 되는 장애물이다. 자신을 항상 피해자로 여기며 다른 사람을 비난하거나 그들에게 해결책을 요구하는 태도 역시 의존성에서 비롯된 것이다.

많은 여성이 직장 내에서 자신이 고안한 좋은 아이디어를 선뜻 공개하지 못한다. 그 이유는 남들이 자신의 아이디어를 비판하거나 부정할까 두려워서다. 이들은 자신이 마음에 쏙 드는 옷을 발견해도 다른 사람이 별로라고 말하면 쉽게 포기해 버린다. 또한 대인

늘 초조한 당신을 위한 마음 치유 심리학

관계에서 문제가 생기면 감정적으로 폭발하여 상대를 비난하거나, 아니면 무조건 사과하고 모든 책임을 자신에게 돌린다. 이처럼 의존성은 개인의 자율적인 행동과 결정을 방해할 뿐 아니라, 학습과 성장의 기회까지 잃게 만든다.

의존적인 사람은 자신의 능력과 재능을 제대로 인식하지 못하거나, 그것을 적극적으로 활용하려고 하지 않는다. 그들이 일상에서 겪는 여러 가지 어려움 역시 의존성에서 비롯되는 경우가 많다. 그들은 자신의 손발을 묶어 놓고, 누군가 자신을 업고 가주기를 바란다. 그들은 인생의 결정권과 자신의 미래를 타인의 손에 맡겼기 때문에 스스로 선택하거나 문제에 직면할 필요를 느끼지 않는다. 이런 상황이 겉보기에는 편안하고 자유로워 보일 수 있지만, 실제로는 타인의 기대나 요구에 부응하기 위해 매 순간 타인의 눈치를 보아야 하는 상황에 놓이게 된다.

문제를 겪는다는 것은 그 문제를 해결할 능력이나 재능이 당신 안에 있다는 신호일 수 있다. 우리는 문제를 해결하면서 자신의 능력과 재능을 발견하고, 이를 적극적으로 활용해 자신의 가치를 인정받고, 자신이 가장 빛날 수 있는 일이나 환경을 찾아 더 나은 삶을 살아야 한다.

그런데 어떤 이들은 자신이 어떤 재능을 갖고 있는지 모르거나,

혹은 그 재능을 활용할 생각조차 하지 않는다. 심지어 자신이 가진 능력과 특성을 두려워하는 사람도 있다. 그들은 자신이 가진 재능과 특성을 모르는 척하며 다른 사람에게 의존하려고 한다. 그러나 이런 태도는 자신이 가진 무한한 가능성을 발휘할 기회를 영영 잃게 만든다.

당신의 성장을 가로막는 두 번째 장애물은 '두려움'이다. 사람은 본능적으로 미지의 것에 대한 두려움을 가지고 있다. 특히 아무도 가보지 않은 길을 갈 때 더욱 그렇다. 따라서 자신을 깊이 이해하고 자신만의 길을 찾아가는 과정은 필연적으로 고독할 수밖에 없다.

당신은 유일무이한 존재로, 태어날 때부터 내 가족을 비롯해 나만의 성격, 외모, 잠재된 힘을 가지고 태어났다. 당신이 걸어가는 길은 고독하고 전례가 없다. 아무도 당신에게 무엇이 옳고 그른지, 어디가 안전하고 위험한지 알려줄 수 없다. 이 모든 것은 당신 스스로가 탐색하고 발견해야 한다.

누구나 두려움을 느낀다. 이것은 사람의 본성이다. 하지만 우리는 두려움을 안고 앞으로 나아가는 법을 배워야 한다. 두려움은 우리에게 위험을 경고하고 우리를 보호하는 역할을 하지만, 동시에 우리가 목표를 향해 나아가도록 동기 부여를 하기도 한다. 또한 우리는 두려움을 극복하는 과정에서 우리 자신의 한계가 어디까지인지, 자신이 어떤 능력을 갖췄는지 탐구하게 된다. 물론 힘들 때는 잠시 쉬어가도 괜찮다. 하지만 두려움을 극복하며 계속 나아가려는 의지를 포기해서는 안 된다.

쉬어가는 시간에 그동안 지나온 길을 돌아보면, 생각했던 것보다 자신이 더 많이 성장했음을 느낄 수 있으며, 자신이 새롭게 보일 것이다. 그리고 예상했던 것보다 자신이 훨씬 더 많은 잠재력을 가지고 있다는 것을 깨닫게 될 것이다.

대부분은 이 두 가지 장애물 앞에서 멈춰 선다. 하지만 이 장애물들을 극복하기 위해 조금 더 노력한다면, 당신은 이미 대다수를 넘어선 것이나 다름없다.

셋째, 합리적인 목표를 세우고 행동하라

당신은 이제 자신의 잠재력을 발휘할 기회의 문 앞에 서 있다. 이제는 용기 내어 그 문을 열고 당신의 잠재력을 현실로 만들기 위한 발걸음을 내디뎌야 할 때다. 두려움을 외면하지 말고, 그 두려움을 극복할 수 있는 현실적인 계획을 세우고, 그것을 단계적으로 실천해 나가면 된다.

2017년, 나는 10년 넘게 일했던 직장을 그만두고 고향으로 돌아가기로 했다. 나는 내가 앞으로 계속 성장할 수 있을지, 내가 쌓아온 모든 인맥을 잃게 되지는 않을지, 가족을 부양할 수 있을 만큼의 충분한 수입이 있을지 걱정됐다. 그때 내가 시도한 첫 번째 행동은 바로 시장 조사였다. 나는 당시 활동 중인 거의 모든 프리랜서 심리상담사들에게 상담 건수, 상담 사례, 수입 상태, 일하는 동안 겪는 어려움 등을 물어봤다. 이렇게 얻은 정보를 바탕으로 내 상황에 맞는 현실적인 목표와 계획을 세웠다. 또한 프리랜서 심리상담을 시작한 후 예상되는 다양한 상황을 미리 생각해 보고, 그에 대한 해결책과 필요한 금전적, 시간적 투자를 구체적으로 계획했다.

절대 스스로 생각하고 계획하는 것을 게을리하면 안 된다. 직접 계획을 세우고 실행해야 자신의 삶을 주도적으로 이끌어나갈 수 있으며, 의존성과 두려움을 이겨낼 수 있다. 그러니 용기를 내서 미래를 상상하고, 문제에 직면하고, 계획을 행동으로 실천하며, 자신의 인생을 당차게 살아보자. 그러면 언젠가는 정말 꿈이 실현되지 않겠는가?

마지막으로 여러분에게 유용한 작은 도구를 소개하고자 한다. 이 도구는 내가 잠재력을 개발하기 위해 계획을 세울 때 사용한 것이다. 이 도구가 여러분에게도 도움이 되어 성장의 장벽을 넘어 더욱 매력적인 삶을 살 수 있기를 바란다.

잠재력 개발 계획표

현재
나의 문제

개발하려는
잠재력

현재 가지고 있는
능력

현재 가지고 있는
자원

당장 실천할 수
있는 3가지

잠재력을 발견한
미래의 모습

나에 대해 알고 싶어질 때,
이렇게 말해 보자!

- 나에게는 한 가지 보물창고가 있어. 그건 바로 '나 자신'이야.

- 어떤 문제든 헤쳐나갈 수 있는 보물을 주신 부모님께 감사해.

- 나 자신을 관찰하며 그 속에서 나를 발견하는 것이 좋아.

- 내가 모르는 내 모습은 해변의 진주처럼 내가 발견해 주기를 기다리고 있어.

- 나는 매일 매 순간 모든 행동과 생각 속에서 나를 발견할 거야.

- 나는 진정한 나를 찾아가는 여행을 시작했고, 그 여정을 여유롭게 즐기는 중이야.

부록1 '내면의 힘' 자가 테스트

다음 각 항목의 내용을 읽고 자신의 상황에 따라 '예' 또는 '아니요'를 선택하세요.

1	나는 내가 '사랑받을 가치가 있다'고 생각한다	예 ☐ 아니요 ☐
2	나는 내가 '충분히 괜찮은 사람'이라고 생각한다	예 ☐ 아니요 ☐
3	나는 내가 '능력 있는 사람'이라고 생각한다	예 ☐ 아니요 ☐
4	나는 갈등 상황이 두렵지 않다	예 ☐ 아니요 ☐
5	나는 거절당하는 것이 두렵지 않다	예 ☐ 아니요 ☐
6	나는 나의 단점을 좋아한다	예 ☐ 아니요 ☐
7	나는 다른 사람과 이야기하는 것을 좋아한다	예 ☐ 아니요 ☐
8	나는 자주 다른 사람의 인정을 받는다	예 ☐ 아니요 ☐

9	나는 기꺼이 다른 사람에게 도움을 요청할 수 있다	예 ☐ 아니요 ☐
10	내가 부탁했을 때 다른 사람이 내 부탁을 들어줄 때가 많다	예 ☐ 아니요 ☐
11	나는 내가 마음에 들 때가 많다	예 ☐ 아니요 ☐
12	나는 다른 사람의 의견을 수용할 수 있다	예 ☐ 아니요 ☐
13	나는 나의 감정을 관리할 줄 안다	예 ☐ 아니요 ☐
14	나는 차분하게 내 생각을 말할 수 있다	예 ☐ 아니요 ☐
15	다른 사람들이 내 의견을 잘 받아준다	예 ☐ 아니요 ☐

총합: 예   아니요

평가 기준 : '예'를 선택하면 1점, '아니요'를 선택하면 0점

최종 점수 : 10점 이상 – 내면의 힘이 충분한 사람에 속한다.

최종 점수 : 5점 이상, 10점 미만 – 내면의 힘이 부족한 사람에 속한다.

최종 점수 : 5점 미만 – 내면의 힘을 상실한 사람에 속한다.

'내면의 힘'을 채워주는 동기

내적인 힘이 전혀 없는 상태는 0점, 내면의 힘이 충만한 상태는 10점입니다. 현재의 자신에게 몇 점을 주겠습니까? 표에 있는 일을 모두 완료한 후 자신에게 점수를 매겨보세요.

날짜	내면에 힘을 준 사람 (나, 타인)	구체적인 사건이나 행동	내면의 힘의 변화
(예시) 1월 10일	나	성공 경험 일기를 쓴 후	내면의 힘이 3점 정도 올라간 것 같다 마음이 훨씬 든든하고, 안정되고, 차분해졌다

부록3 '내면의 힘'을 소모하는 요인

우리 주변에는 내면의 힘을 소모하는 것들이 많습니다. 타인은 물론, 나자신도 내면의 힘을 연약하게 만듭니다. 언제, 그리고 어떤 방식으로 내면의 힘이 소모되었는지 기록해 보세요.

날짜	소모하는 사람 [나,타인]	소모하는 방식 [나]	구체적인 내용	소모하는 방식 [타인]	구체적인 내용
(예시) 1월 10일	나+타인	지나친 자기 부정 자기 비하 자기 폄하 등	"나는 안돼" "잘못하겠어" 라고 생각함	지나친 간섭 잔소리	"결혼해라" "공부해라" "살을 빼라" 등등

늘 초조한 당신을 위한
마음 치유 심리학

펴낸날 2025년 1월 10일 1판 1쇄

지은이 판쿼쥐안
옮긴이 유연지
펴낸이 김영선, 김대수
편집주간 이교숙
책임교정 정아영
교정·교열 나지원, 이라야, 남은영
경영지원 최은정
디자인 검정글씨 민희라
마케팅 신용천

펴낸곳 이든서재
주소 경기도 고양시 덕양구 청초로 10 GL 메트로시티한강 A동 20층 A1-2002호
전화 (02) 323-7234
팩스 (02) 323-0253
홈페이지 www.mfbook.co.kr
출판등록번호 제 2-2767호

값 18,800원
ISBN 979-11-989346-2-8(03180)

이든서재와 함께 새로운 문화를 선도할 참신한 원고를 기다립니다.
이메일 dhhard@naver.com (원고 투고)